DE L'ACHAT

ET DE

VENTE DU CHEVAL

THÈSE POUR LE DOCTORAT

L'ACTE PUBLIC SUR LES MATIÈRES CI-DESSUS
sera présenté et soutenu le Mardi 19 Décembre 1899 à 2 h. 1/2

PAR

ALBERT LE MAITRE

Président : **M. H. BERTHÉLEMY**, *professeur.*
Suffragants { **MM. MASSIGLI**, *professeur.*
PLANIOL, *professeur.*

PARIS

ÉDITEUR DE LA SOCIÉTÉ DU RECUEIL GÉNÉRAL DES LOIS ET DES ARRÊTS
ET DU JOURNAL DU PALAIS
Ancienne Maison L. LAROSE et FORCEL
22, rue Soufflot, 22
L. LAROSE, Directeur de la Librairie

1899

THÈSE

POUR

LE DOCTORAT

FACULTÉ DE DROIT DE L'UNIVERSITÉ DE PARIS

DE L'ACHAT

ET DE

LA VENTE DU CHEVAL

THÈSE POUR LE DOCTORAT

L'ACTE PUBLIC SUR LES MATIÈRES CI-DESSUS

Sera présenté et soutenu le Mardi 19 Décembre 1899 à 2 h. 1/2

PAR

ALBERT LE MAITRE

Président :   M. H. BERTHÉLEMY, *professeur.*
Suffragants { MM. MASSIGLI, *professeur.*
              PLANIOL, *professeur.*

PARIS

LIBRAIRIE DE LA SOCIÉTÉ DU RECUEIL GÉNÉRAL DES LOIS ET DES ARRÊTS

ET DU JOURNAL DU PALAIS

Ancienne Maison L. LAROSE et FORCEL

22, rue Soufflot, 22

L. LAROSE, Directeur de la Librairie

1899

A LA MÉMOIRE DE MON PÈRE

A MA MÈRE

A MES FRÈRE ET SŒUR

A MES PARENTS ET AMIS

INTRODUCTION

La vente et l'achat d'un cheval, pour être faits dans
de bonnes conditions, supposent chez l'opérateur des connaissances assez variées : d'abord, la connaissance du
cheval en lui-même, tout ce qui fait qu'il appartient à telle
race, qu'il a tel degré de sang, ce à quoi on reconnaît
l'âge, les aptitudes, et d'une façon générale les qualités
et les défauts quels qu'ils soient ; en second lieu, la connaissance économique du marché, c'est-à-dire les espèces
de chevaux dont il est approvisionné, le prix et la valeur
de chaque animal selon le cours du moment et de l'endroit;
en troisième lieu, la connaissance expérimentale du pra-
ticien, habitué à juger d'un coup d'œil l'ensemble et les
détails des lignes et des formes, à faire valoir le cheval
par tous procédés honnêtes, à déjouer les ruses, et à tirer
avantage des maladresses et de l'inhabilité du co-contractant.

Ces connaissances sont évidemment les plus importantes; elles forment un ensemble que l'opérateur, s'il veut
être habile, ne saurait négliger d'acquérir.

Ne peut-on pas dire cependant qu'elles ne sont pas les seules qui sont véritablement importantes ?

Il en existe en effet d'autres d'un ordre différent, qui, bien qu'à un degré moindre, sont encore d'une utilité incontestable : certaines connaissances juridiques. Cette opération, vente ou achat d'un cheval, se résume en définitive en ceci qu'elle est un contrat. Or la première préoccupation de quiconque veut faire un contrat de vente, c'est de s'enquérir de ce que c'est, et d'en étudier les conditions de fond et de forme, d'existence et de nullité, et les effets.

Ce sont ces connaissances juridiques du contrat de vente appliquées d'une façon particulière à la vente et à l'achat du cheval qui vont faire l'objet de cette étude. Ce n'est pas à dire que nous ayons pour but d'y faire rentrer toutes les règles générales et particulières qui régissent la vente du cheval. Il faudrait pour cela faire d'abord une théorie générale de la vente, et ensuite une théorie spéciale de ce contrat lorsqu'il a pour objet un cheval. Notre but est beaucoup plus modeste ; le champ de cette étude sera limité à la seconde partie ; nous nous contenterons d'exposer les règles dont l'application est la plus fréquente ou a donné lieu à le plus de difficultés pratiques, encore que ces règles ne soient pas propres uniquement au cheval, en insistant sur les points qui concernent exclusivement la vente de cet animal, nous bornant sur les autres points à un simple rappel plutôt qu'à une théorie complète.

Avant d'entrer dans l'examen proprement dit de ces règles, il est bon de placer le sujet dans le cadre qui lui convient, en donnant quelques renseignements sur la vente du cheval considérée non pas comme un fait isolé, où on l'envisage comme contrat, mais d'une manière générale et d'ensemble.

L'étude de la vente du cheval serait inutile et sans intérêt, si cette vente n'a jamais lieu, ou si elle est fort rare ; que si elle est au contraire d'une pratique constante, elle vaut la peine d'attirer l'attention.

Or nous allons voir par un exposé rapide du mouvement commercial du cheval en France tant à l'intérieur qu'avec l'étranger, qu'il comporte de nombreuses transactions dont chacune est un contrat de vente ; et nous constaterons en outre, au cours de cette étude, que la jurisprudence est très fournie en notre matière ; c'est un indice et la meilleure preuve que cette vente donne lieu en fait à de nombreux litiges.

1° Commerce intérieur.

Le commerce des chevaux en France est sans aucun doute très important. Il est toutefois difficile d'en préciser le chiffre. Les statistiques et les publications officielles ne donnent à cet égard aucun renseignement, sauf en ce qui concerne le marché aux chevaux de Paris. Pour se

faire une idée des transactions opérées dans les autres
marchés et des ventes faites ailleurs, notamment
chez les marchands, il est nécessaire, faute de mieux, de
procéder par évaluation. Les données ainsi obtenues ne
sont qu'approximatives ; néanmoins il est intéressant de
les indiquer.

Les achats faits par l'Etat sont connus. Il se rend acquéreur chaque année d'environ 7.500 chevaux d'armes ; le
budget de 1899 prévoyait l'achat de 712 chevaux d'officiers et de 6.643 chevaux de troupe. Quant aux acquisitions d'étalons, elles sont beaucoup moins nombreuses.
L'effectif de ces animaux entretenus par l'Etat est maintenant de 3.000 têtes, chiffre fixé par la loi du 28 janvier
1892, et progressivement atteint. L'Etat n'a désormais
qu'à pourvoir aux réformes qui s'élèvent à 1/10 environ
de l'effectif, soit 300 chevaux par an.

Le nombre des ventes ne diffère guère de celui des
achats.

Le marché aux chevaux de Paris (1) se distingue des
autres marchés, surtout des foires existant en province
dans les principaux centres de production chevaline, par
l'énorme proportion des invendus. En 1898, il y a été
amené et exposé en vente 39.275 animaux, c'est-à dire
plus des deux cinquièmes de la population chevaline de
la capitale ; sur ce nombre, moins du tiers, 12.065 animaux seulement ont été vendus ; les 27.210 autres ne

1. Voir page 32.

l'ont pas été. Il faut tenir compte il est vrai dans ces chiffres de ce fait que beaucoup des animaux invendus sont ramenés périodiquement au marché sans jamais trouver acheteur, ce qui exagère un peu la proportion et la particularité que nous signalons. A ce marché il a été vendu 515 chevaux réformés, et 1.309 l'ont été par le ministère des commissaires priseurs (1).

Bien que le commerce de la France avec l'étranger ne soit plus aussi florissant que naguère (2), et malgré les récents progrès apportés aux appareils de traction mécanique et le développement considérable du cyclisme et de l'automobilisme, la population chevaline, s'en douterait-on, accuse chaque année en France une augmentation progressive et continue. En 1896, nous possédions 2.849.658 chevaux ; en 1897 nous en avions 2.899.131 ; en 1898, le chiffre s'élevait à 3.005.511, et au commencement de 1899, il était de 3.023.502, soit une augmentation en trois ans, de 173.844 chevaux.

Or il est vraisemblable que la plupart des chevaux vivent une moyenne de quinze années environ, et qu'ils sont vendus quatre fois durant leur existence. L'éleveur vend son poulain au marchand qui le revend à l'usager. Celui-ci en utilise les services et se débarrasse de l'animal vieux ou malade, sitôt qu'il ne peut plus lui être utile, en le destinant soit à la boucherie soit à l'équarrissage. En d'au-

1. En 1897 ces chiffres étaient respectivement de 508 et 1190.
2. Voir pages 10 et s. et tableaux, pages 7, 8 et 9.

tres termes le cheval serait en moyenne vendu une fois tous les trois ans et demi.

Si cette donnée est vraisemblable, le chiffre de la population étant certain, il ne paraît pas trop téméraire d'affirmer qu'il y aurait 900.000 à un million de ventes de chevaux par an en France.

Evidemment ce chiffre est approximatif ; mais comparé aux résultats que donneraient les mêmes calculs faits en raisonnant sur le nombre des chevaux à Paris et la statistique de ce marché, il est suffisamment corroboré (2) pour que l'on puisse, dans le silence des documents officiels, l'indiquer sous toutes réserves.

1. Cette évaluation paraît corroborée également par le chiffre des transports par chemin de fer en France. D'après un compte-rendu fait à la société nationale d'agriculture de France par M. Jules Bénard (séance du 11 octobre 1899) le nombre des chevaux transportés par voie ferrée, aurait été en 1897, de 340.000 têtes ; 10 ans auparavant, en 1887, il était de 333.215 têtes. Or, le plus grand nombre de ces transports est occasionné par suite d'achats et de ventes. En outre c'est dans la minorité des cas, un tiers environ, que l'acheteur emprunte la voie ferrée pour opérer le déplacement du cheval.

Nombre et valeur des importations et des exportations par année.

| Années | Importations | | Exportations | | Différences en faveur des | | | |
| | | | | | Importations | | Exportations | |
	Nombre	Valeur (1)	Nombre	Valeur	En nombre	En valeur	En nombre	En valeur
1880	25.714	35.292	9.628	7.912	16.086	27.380		
1881	22.152	30.892	10.844	11.042	11.308	19.850		
1882	20.406	28.835	13.183	13.435	7.223	15.400		
1883	19.127	26.700	17.185	16.678	1.942	10.022		
1884	14.704	20.167	18.033	17.402		2.765	3.329	
1885	12.021	16 347	25.502	22.087			13.481	5.740
1886	11.691	16.301	28.337	24.477			16.646	8.176
1887	10.212	14.307	34.518	34.605			24.306	20.298
1888	12.115	18.107	37.937	37.204			25.822	10.097
1889	12.457	17.040	35 862	36.353			23.705	19.313
1890	14.258	18.178	28.418	27.882			14.160	9.704
1891	16.007	20.299	24.103	22.580			8.096	2.281
1892	14.343	18.343	21.702	20.327			7.359	1.984
1893	15.263	18.352	24.121	21.760			8.858	3.408
1894	21.031	24.960	22.326	20.140		4.820	1.295	
1895	36.457	38.543	21.484	19.127	14.973	19.416		
1896	32.912	34.612	20.945	18.747	11.967	15.865		
1897	38.265	39.661	23.861	21.173	14.404	18.488		
1898	25.924	27.582	20.671	18.321	5.253	9.261		
9 pr. mois 1898	21.533	23.012	15.420	13.882	6.113	9.130		
9 pr. mois 1899	21.546	23.037	15.954	14.947	5.595	9.090		

(1) Valeur en millier de francs.

Importations en France.

ESPÈCES	NOMBRES					VALEURS (1)				
	1899 9 1ers mois	1898	1897	1896	1895	1899 9 1ers mois	1898	1897	1896	1895
Chevaux entiers..........	9.324	6.395	8.388	3.214	1.847	9.524	6.395	8.388	3.214	1.847
Chevaux hongres { Russie...........	1.237	590	945	1.404	411					
Danemark	24	970	1.151	1 307	1.344					
Angleterre.......	2.017	3.474	4.228	3.785	2.958					
Allemagne	93	517	602	879	645					
Belgique	1.023	1.404	2.644	3.090	2.778					
Espagne	75	819	2.108	2 117	1.203					
Autriche-Hongrie	1.967	2.115	3.429	3.860	4.550					
Italie	173	514	1.309	1.731	1.473					
Etats-Unis	376	150	981	505	461					
Autres pays.....	995	3.147	3.032	1.813	10.142					
Totaux..........	7.980	13.700	20.429	20.491	25.965	9.177	13.070	22.532	22.540	28.562
Juments { Russie..........	45	191	568	1.094	276					
Angleterre	1.341	1.905	2.081	1.654	1.674					
Allemagne	41	95	204	250	733					
Belgique	305	461	715	670	602					
Espagne	38	215	584	588	422					
Autriche-Hongrie	1.271	826	1.277	1.659	1.372					
Autres pays	316	527	985	820	978					
Totaux..........	3.357	4.220	6.414	6 735	6.057	4.028	5.393	7 376	7.745	6.965
Poulains........... ...	685	1.609	3.034	2.472	2.588	308	724	1.365	1.112	1.469
Totaux généraux.....	21.546	25.924	38.265	39.212	36.457	23.037	27.582	39.661	34.612	38.543

(1) Valeurs en milliers de francs.

Exportations de France.

ESPÈCES	NOMBRES					VALEURS (1)				
	1899 9 1ers mois	1898	1897	1896	1895	1899 9 1ers mois	1898	1897	1896	1895
Chevaux entiers..........	664	417	542	425	498	1.660	1 042	1.355	1.062	1.245
Chevaux hongres { Angleterre......	130	96	149	167	156					
Belgique........	3.461	3.849	4.994	4.652	5.042					
Allemagne......	3.471	4.727	4.395	3.435	3.221					
Espagne........	487	612	140	95	90					
Italie..........	371	268	573	526	286					
Suisse..........	1.484	1.927	1.992	2.006	1.853					
Autres pays	259	351	437	366	614					
Totaux..........	9.363	11.830	12.680	11.247	11.262	8.894	11.238	12.046	10.687	10.698
Juments { Angleterre......	48	85	131	164	172					
Belgique........	1.878	2.391	2 958	2 767	2.729					
Allemagne......	1.832	2.250	3.373	2.988	2.944					
Italie..........	40	34	90	47	58					
Suisse..........	654	844	1.308	1.338	1.366					
Autres pays.....	186	477	237	203	293					
Totaux..........	4 638	6.181	8 097	7.507	7.559	3.943	5.256	6.883	6.380	6.427
Poulains...............	1.286	2.243	2.542	1.766	2.165	450	785	889	618	757
Totaux généraux......	15.951	20.671	23 861	20.945	24.484	14.947	18.321	21.173	18.747	19.127

(1) Valeur en milliers de francs.

2° Commerce extérieur.

Le moyen le plus pratique et le plus sûr de connaître le commerce des chevaux de la France avec l'étranger est de consulter les statistiques de l'administration des douanes. Les renseignements qu'elles fournissent sont, d'une manière générale, exacts en ce qui concerne le nombre, le sexe, l'âge, la valeur et les provenance ou destination des chevaux importés ou exportés ; elles sont muettes en ce qui concerne les espèces, l'origine, le degré de sang et les aptitudes des animaux.

Deux tableaux aideront et résumeront nos explications (1).

Nombre. — La statistique du nombre total des transactions, étudiée par année, donne lieu à elle seule à une constatation intéressante.

Pendant ce siècle et jusqu'en 1880, les importations ont toujours dépassé les exportations, et chaque année d'une quotité peu variable, de 8.000 têtes environ ; en outre, la tendance était favorable au commerce français ; les importations allaient plutôt en diminuant. La moyenne annuelle s'élevait :

> De 1837 à 1849, à 21.843 têtes,
> De 1850 à 1860, à 17.171   »
> Et de 1861 à 1879, à 11.566   »

1. Voir pages 7, 8 et 9.

A partir de 1880, la situation cesse d'être stationnaire. Elle subit des oscillations continues et symétriques qui ne sont pas, malgré l'aridité des chiffres, sans une certaine éloquence.

Nos exportations, depuis 1874, sans doute sous l'heureuse influence de la loi du 29 mai 1874, n'avaient pas cessé de se développer graduellement au point de dépasser les importations de 25.822 têtes en 1888. Mais à partir de cette date, elles se sont arrêtées tout à coup, et depuis lors, par une progression inverse et non moins continue, elles ont considérablement baissé. En 1895 et en 1897, nous avons importé 14.000 chevaux de plus que nous n'en avons exporté ; depuis 1880, notre commerce extérieur, à ce point de vue, n'avait pas connu de situation aussi alarmante.

Nos importations augmentent d'année en année ; tombées à 10.212 chevaux en 1888, elles se sont élevées, en 1895, à 36.457.

En 1896, un temps d'arrêt semble s'être produit ; il n'a été qu'une apparence. Il s'explique par une diminution des importations de chevaux algériens (2.951 au lieu de 7.480 en 1895), dont l'année précédente leurs propriétaires avaient dû se défaire, coûte que coûte, à cause de la disette de fourrages qui sévit alors dans notre grande colonie. Abstraction faite de cette cause anormale, on constate que les importations de chevaux étrangers, loin de se ralentir, n'ont cessé de s'accentuer, et en 1897, elles ont pris un nouvel essor.

La loi du 9 avril 1898, qui a augmenté considérablement le tarif des droits d'entrée, loin d'enrayer le mouvement, n'a fait que le ralentir. En 1898 les importations ont encore excédé les exportations de 5.253 têtes. Le résultat sera sensiblement le même en 1899.

Sexe. Age. — Les transactions ont pour objet principal les chevaux hongres qui forment moitié environ du chiffre total tant des importations que des exportations. Ensuite viennent les juments ; les transactions sur les chevaux entiers sont les moins nombreuses.

La France importe plus de chevaux hongres qu'elle n'en exporte. L'importation des chevaux entiers tend à augmenter, et légèrement aussi celle des poulains, au lieu que celle des juments, presque stationnaire, semblerait plutôt baisser.

La proportion des chevaux entiers, chevaux hongres, juments ou poulains exportés, subit des variations peu sensibles.

Provenance. Destination. — Les exportations se font surtout dans les pays limitrophes, la Belgique, l'Allemagne, la Suisse et l'Italie ; et les importations, d'Angleterre, d'Autriche-Hongrie et de Belgique. L'Allemagne ne nous envoie que peu de chevaux. Au contraire, les États-Unis introduisent en France, surtout indirectement par l'intermédiaire de l'Angleterre et de la Belgique, beaucoup de chevaux de service et hors d'âge qui ne soutiennent pas la comparaison avec les produits français, mais sont recherchés au désavantage de ces derniers à raison de leur prix modique.

Valeur. — La valeur moyenne des chevaux exportés est d'ailleurs, il faut le remarquer, inférieure à celle des chevaux importés. La France écoulerait à l'étranger plus de mauvais produits qu'elle en reçoit, et garderait de préférence ceux de bonne qualité. C'est peut-être là une donnée douteuse dont l'inexactitude tient soit à la différence du change, soit à ceci qu'un cheval est à qualité égale payé plus cher en France qu'à l'étranger.

Les chevaux entiers exportés ont plus de valeur que ceux importés. Ce serait le contraire pour les chevaux hongres et les juments.

Il ne faut pas prendre trop à la lettre les données de la statistique sur ce point.

Tarif. — Le commerce des chevaux est soumis au régime protecteur. Une taxe est perçue à l'entrée; la sortie a lieu en franchise.

Jusqu'à la loi du 9 avril 1898, le tarif douanier concernant les chevaux était très peu élevé. Lors de la refonte générale du tarif général par la loi du 11 janvier 1892, il était resté le même qu'auparavant, sauf une modification insignifiante relative aux poulains dont le droit d'entrée avait été majoré de 2 fr. par tête, et porté de 18 à 20 fr. (1). Il était de 30 fr. pour un cheval entier ou hongre ou pour une jument.

1. *J. officiel*, 12 janvier 1892 ; Loi du 11 janvier 1892, tableau A.

Alors ce tarif semblait se justifier. Le commerce d'exportation et la production chevaline en France étaient à ce moment en voie de progression. Les importations étaient nombreuses, il est vrai, mais les exportations l'étaient davantage, et le nombre des existences, loin de diminuer, s'était légèrement accru. La situation était prospère. Les résultats de 1891, beaucoup moins favorables que ceux des années précédentes, n'étaient pas encore connus. Ceux de 1890 indiquaient déjà un ralentissement dans les exportations, mais on croyait qu'ils étaient le fait d'un accident passager, et les éleveurs se figurant que les choses allaient toujours se continuer prospères, furent les premiers à demander qu'il ne fut rien changé à ce qui existait alors.

A cette époque, ce qui caractérise le tarif douanier sur les chevaux, c'est non seulement sa modération, mais son unité ; il n'y avait de droits qu'au tarif général et non au tarif minimum.

Cependant au lendemain du vote de ce tarif, on s'aperçut que le Parlement aurait mieux fait de le différer de quelques jours, au moins jusqu'à la publication des statistiques de 1891.

Deux raisons surtout ont amené l'augmentation des droits d'entrée : d'une part, le revirement qui s'est produit dans notre commerce extérieur des chevaux, mal qui nécessitait un remède prompt et radical ; et d'autre part, l'exemple que nous donnaient les pays limitrophes en prenant des mesures contre l'invasion chez eux des chevaux américains. Il y a 7 ou 8 ans, l'Amérique n'envoyait pas de chevaux en Europe, et nous exportions même aux Etats-Unis annuellement 2.000 à 3.000 étalons. Mais depuis lors l'élevage dans ce pays s'est considérablement développé dans des conditions inconnues de bon marché, et nous recevons maintenant les produits de ces excellents chevaux que jadis nous avons vendus.

En 1892, l'Amérique a envoyé 3.000 chevaux en Europe; en 1893, son exportation s'est élevée à 5.000, puis à 13.000 en 1895, à 25.000 en 1896, et pour les années 1897 et 1898, elle dépasse 40.000. D'après les statistiques anglaises, la grande compagnie des omnibus, et celle des tramways de Londres recrutent leur effectif de plus de 13.000 chevaux exclusivement en Amérique, et ne les paient qu'une moyenne de 875 francs à l'âge de 5 ou 6 ans prêts à entrer en service. L'Angleterre s'est préoccupée de cette invasion chez elle des chevaux étrangers ; la Belgique également s'est émue, et son gouvernement a envoyé en Amérique une mission chargée d'étudier l'élevage en ce grand pays. L'Allemagne s'est mise à fermer ses portes à l'importation des chevaux américains. La France ne devait pas se laisser envahir à son tour.

Une proposition de loi déposée sur le bureau de la Chambre par M. de Saint-Quentin et de nombreux députés de la région normande fut le signal de la lutte contre les menaces d'envahissement. A la séance du 10 juillet 1897 elle fut renvoyée à la commission des douanes, et après avoir subi divers amendements, elle est devenue la loi du 9 avril 1898.

Cette loi a innové de plusieurs façons.

Elle a appliqué aux chevaux le double tarif, général et minimum. Comme justification il est à remarquer : que la dualité des taxes est la plus sûre garantie des droits destinés à protéger l'élevage national puisque dans aucun cas on ne peut les abaisser au-dessous du second tarif ; que cette manière de procéder facilite les communications avec les pays qui nous font des concessions réciproques ; que si en 1881 un seul tarif avait été admis pour tous les bestiaux en général, c'était parce que le gouvernement avait pris l'engagement de ne pas comprendre les bestiaux dans les traités de commerce, s'il était jamais amené à en faire ; et qu'enfin le cheval est un objet de commerce qui change fréquemment de mains, à la différence des autres produits agricoles destinés à l'alimentation publique et vendus directement au consommateur.

Sur la demande de M. de Pontbriand, il a été établi en outre une classification nouvelle des chevaux au point de vue douanier.

Une distinction est faite entre les chevaux de cinq ans et au-dessus, les chevaux au-dessous de cinq ans, et les poulains. Les premiers acquittent une taxe plus élevée car leur importation est plus à craindre. Il est facile de reconnaître l'âge d'un cheval qui perd ses premières dents à 3 ans, à 4 ans ses dents mitoyennes, et à 5 ans ses dents de coin.

Les droits d'entrée sont toujours établis par tête ; actuellement ce sont les suivants :

	Tarif général	Tarif minimum
1° Chevaux entiers ou hongres ou juments de 5 ans et au-dessous.	200	150
2° Chevaux entiers ou hongres ou juments, au-dessous de 5 ans.	150	100
3° Poulains.	75	50

Sont seuls considérés comme poulains les chevaux qui n'ont que des dents de lait.

Ces droits ne sont pas excessifs comparés à ceux des pays étrangers. L'Espagne perçoit un droit de 180 francs par tête, et les Etats-Unis réclament des taxes qui atteignent 30 dollars pour les chevaux de valeur inférieure à 150 dollars, et 25 0/0 *ad valorem* pour les chevaux d'une valeur supérieure à 150 dollars.

Il ne semble pas que la loi du 9 avril 1898 elle-même produise les résultats favorables qu'on en attendait. Les exportations continuent à être moindres que les importations.

Et ce qui est plus grave, la baisse des importations porterait surtout sur les chevaux de trait ; et ce seraient précisément les importations des chevaux de selle, de tête et de luxe, que l'on voulait enrayer dans l'intérêt de la production et de l'élevage du cheval de guerre, qui n'auraient pas diminué.

Pour remédier à cet inconvénient, on a proposé de frapper les chevaux importés de droits d'autant plus forts qu'ils se rapprochent davantage du type du cheval de guerre, en d'autres termes de créer une nouvelle sub-division du tarif d'après la destination des chevaux, les conditions de taille et d'aptitude au service de la guerre (1).

M. André Castelin, le propagateur de cette idée, a déposé à la Chambre une proposition de loi de ce sens ; elle est ainsi conçue.

Article 1er. — Les tarifs de douane visés à l'article 1er de la loi du 9 avril 1898 sont modifiés ainsi qu'il suit :

Chevaux entiers, juments ou hongres de 5 ans et au-dessus ; de trait, de selle, de luxe :

D'une taille de 1 m. 63 et au-dessus ; tarif maximum, 200, 350 et 500 fr. ; tarif minimum, 150, 250 et 400 fr.

D'une taille de 1 m. 63 à 1 m. 54 ; tarif maximum, 150, 300 et 400 fr. ; tarif minimum, 100, 250 et 350 fr.

Au-dessous de 1 m. 54 tarif maximum 150 fr. ; tarif minimum 100 fr. pour les chevaux de selle.

Article 2. — Ces chevaux entiers, hongres ou juments au-dessous de 5 ans, paieront les mêmes droits mais avec une réduction de 50 fr. sur le tarif maximum et de 25 fr. sur le tarif minimum.

1. *J. Off.*, 30 novembre 1898, Déb. parl. Chambre, p. 2332.

Article 3. — Les poulains paieront moitié des droits prévus pour les chevaux entiers ou hongres et juments de 5 ans et au-dessus.

Cette proposition de loi a été renvoyée à la commission des douanes. Si elle était votée, il deviendrait nécessaire lors de l'importation de mesurer la taille des chevaux et de juger leurs aptitudes, afin de connaître le tarif à percevoir. La taille est facile à constater, mais il n'en est pas de même des aptitudes, qui supposent chez l'appréciateur des connaissances techniques et une expérience que n'ont pas les préposés et commis des douanes. De ce chef, la loi serait d'une grande difficulté d'application ; il faudrait recourir à des experts installés aux bureaux des douanes, et pour ne pas augmenter trop les frais de perception, réduire le nombre des bureaux ouverts à l'importation chevaline.

La Société des agriculteurs (1) a émis un vœu intéressant dont la réalisation aurait pour effet de diminuer les importations de chevaux autrement que par la perception de droits d'entrée. Il consiste à mettre les amateurs en garde contre la provenance des chevaux qu'ils achètent, en faisant marquer les chevaux étrangers à leur entrée d'un signe très apparent et indélébile. Seraient seulement exceptés de cette mesure les chevaux de pur-sang, les étalons achetés par l'Etat pour le service des haras nationaux, et les chevaux dits poneys qui à 3 ans n'ont pas atteint la taille de 1 m. 45.

1. Séance du 2 mars 1899. Vœu formulé par M. le vicomte de Vaussay.

Visite sanitaire à l'entrée.

Protéger l'élevage national et sauvegarder les intérêts économiques du commerce français par la perception d'une taxe douanière n'est pas suffisant ; il faut préserver aussi les animaux français de la contagion. Aussi la loi a-t-elle de tout temps soumis les chevaux à une visite sanitaire au moment de leur entrée en France soit par terre, soit par mer.

Récemment la commission des douanes, chargée d'examiner la proposition qui est devenue la loi du 9 avril 1898, a même insisté pour que cette inspection fût très rigoureuse, demandant que les chevaux étrangers fussent mis en observation à leur débarquement pendant neuf jours francs, délai de garantie des vices rédhibitaires. Cette mesure n'aurait rien d'excessif. Aux Etats-Unis on exige, outre la taxe d'entrée, une quarantaine de 90 jours.

Tous les bureaux de douane et ports de mer ne sont pas indistinctement ouverts à l'importation des chevaux ; il n'y en a qu'un certain nombre (1). Dans la plupart il existe des vétérinaires chargés du service d'inspection et qui sont rémunérés par une taxe fixée par décret et acquittée à la caisse du receveur des douanes (2).

A défaut d'inspection sanitaire organisée au bureau,

1. Décret du 6 avril 1883 ; D. 1884, IV, 6 et 7.
2. Décret du 23 novembre 1887 ; D. 1888, IV, 13.

il est suppléé à la visite par la production d'un certificat
d'origine et de santé indiquant le nombre et le signalement des chevaux importés.

Ce certificat émane d'un vétérinaire dont la signature
est légalisée par l'autorité municipale du lieu d'origine
des chevaux, et il n'est valable que durant les trois jours
de sa date.

Le gouvernement peut prohiber l'entrée en France ou
ordonner la mise en quarantaine des chevaux suspects
d'être atteints d'une maladie contagieuse ou susceptibles
d'en communiquer. Les différentes maladies contagieuses
sont d'ailleurs soumises à des mesures sanitaires qui
varient selon la nature de chacune d'elles (1).

La surveillance de l'administration s'exerce également
sur la sortie des chevaux. Des mesures sont prises contre
l'exportation des chevaux contaminés. Tout cheval exporté doit être muni d'un certificat de santé délivré par
un vétérinaire délégué à cet effet par le ministère de
l'agriculture. La sanction de cette règle consiste en ce
que les animaux reconnus malades ou suspects de l'être
sont traités comme ceux qui sont présentés dans cet état
sur un champ de foire ou dans un marché (2).

1. Décret du 22 juin 1882, articles 67 et s.; loi du 21 juin 1898,
art. 55 et s.
2. Décret du 22 juin 1882, art. 78.

DE L'ACHAT ET DE LA VENTE DU CHEVAL

EN DROIT FRANÇAIS

NOTIONS GÉNÉRALES

La vente d'un animal de l'espèce chevaline n'est pas une vente « *sui generis* », qui soit régie, précisément à raison de son objet, par des règles particulières et caractéristiques que l'on ne retrouve nulle part ailleurs dans l'ensemble de la législation.

Loin de là, elle est en principe un contrat de vente ordinaire soumis à toutes les règles de droit commun du code civil.

En conséquence lui sont applicables toutes les dispositions qui concernent notamment la nature et la forme de ce contrat, les effets qu'il produit et les modalités dont il est susceptible.

Ce contrat suppose trois éléments : *res, pretium, consensus*.

La *res*, c'est l'élément qui dans le cours de cette

étude ne va pas varier. Le cheval vendu peut être évidemment un animal de l'un ou l'autre sexe, de tout âge, pourvu qu'il soit certain et déterminé ; il peut même n'avoir encore aucune réalité matérielle distincte ; c'est ce qui a lieu au cas de vente du produit d'une jument pleine, avant la naissance du poulain ; mais il est bon alors, la jument étant connue, de préciser l'époque de la saillie et de désigner l'étalon qui en est l'auteur. Malgré tout, il y a des chevaux qui ne peuvent pas faire l'objet d'un contrat de vente valable, ce sont ceux atteints de maladies contagieuses (1).

Le prix doit être en argent ; sans quoi le contrat ne serait pas une vente, mais un échange ou une dation en paiement.

L'accord des parties est suffisant pour la formation du contrat indépendamment de toute formalité ; le consentement n'est valable que s'il n'est pas vicié par la violence, l'erreur ou le dol, et s'il est donné par une personne capable. Tous ceux d'ailleurs à qui la loi ne l'interdit pas peuvent acheter et vendre ; les seuls incapables de contracter sont les mineurs, les interdits, les femmes mariées. Celles-ci sont relevées de leur incapacité par l'autorisation maritale ; à défaut d'autorisation, elles sont considérées comme ayant agi pour le compte de leur mari, sauf preuve contraire. Cette règle peut avoir de l'importance, par exemple, en ce qui concerne

1. Voir *infrà*, chapitre I, page 172.

la femme d'un maquignon qui conclut une vente ou accorde une prolongation du délai de garantie ; elle est présumée avoir aidé son mari dans son commerce, et, par suite, le mari est obligé par l'acte de sa femme, à moins qu'il ne prouve qu'elle n'avait pas qualité pour agir.

Le contrat de vente est translatif de propriété, indépendamment de toute livraison ; il est synallagmatique parfait et engendre des obligations à la charge de chacune des parties.

Les risques passent du vendeur à l'acheteur sitôt le contrat conclu, car la propriété est transférée dès ce moment ; or les risques sont pour le compte du propriétaire (1).

Enfin ce contrat admet toutes espèces de modalités, telles que : le terme, la condition, l'alternative.

Les principes généraux du droit de la vente sont donc applicables.

Toutefois il ne suffit pas de connaître les règles du contrat de vente en général pour savoir toutes celles de vente d'un cheval. Certaines dispositions législatives ou règlementaires intéressent plus la vente du cheval que celle de tout autre objet ; quelques-unes mêmes la concernent seule. Les unes et les autres vont être mises en relief.

Le lieu et la méthode d'achat diffèrent ordinairement

1. Bar-sur-Seine, 27 juillet 1893. Presse vétérinaire, 1894, p. 302.

selon que les deux contractants sont deux particuliers, ou que l'un d'eux est l'Etat. L'Etat en effet a besoin de chevaux pour assurer divers services publics, dont les haras et les remontes sont les plus importants.

La vente conclue, il faut la prouver, ce qui n'est pas toujours facile, car elle se fait le plus souvent verbalement. Un écrit est toujours utile, il est parfois nécessaire.

En ce qui concerne les obligations des parties, il existe dans la loi, à propos de la garantie, toute une théorie spéciale, celle des vices rédhibitoires. Rien d'ailleurs n'oblige les parties à l'accepter telle quelle ; au contraire toute faculté leur est réservée d'y apporter les dérogations conventionnelles qu'il leur plaît.

Le dol est d'une pratique constante en notre matière ; il est bon de l'étudier à part.

La plupart en font plus ou moins usage, mais personne autant que les maquignons, ces gens dont le métier est d'acheter le cheval pour le revendre.

La revente, lorsqu'elle a lieu peu de temps après l'achat, entraîne certaines complications surtout en ce qui concerne la garantie et les effets de l'action résolutoire.

Enfin quand le cheval est vendu pour l'alimentation comme viande sur pied, ou comme viande de boucherie, la vente suppose une convention tacite de garantie, et elle n'est permise que sous le contrôle et la surveillance de l'administration.

Tous ces points feront chacun l'objet d'un chapitre distinct.

Chapitre I. — Méthodes de vente et d'achat.

— II. — Preuve de la vente.

— III. -- Obligations des parties.

— IV. — Du cheval atteint de vices rédhibitoires.

— V. — Du cheval atteint de maladies contagieuses.

— VI. — De la garantie conventionnelle.

— VII. — Du dol.

— VIII. — Des ventes successives.

— IX. — De la vente du cheval pour l'alimentation.

CHAPITRE PREMIER

MÉTHODES DE VENTE ET D'ACHAT

Cette expression « méthodes d'achat » n'est pas prise ici dans un sens technique, et ne signifie pas l'exposé et la critique des procédés en usage pour examiner un cheval au point de vue physique et l'apprécier à sa juste valeur.

Il y a en effet diverses méthodes intéressantes qui ont été conseillées : M. le professeur Tabourin (1) par exemple a préconisé pour les acheteurs novices un système de notation dont le caractère essentiel est d'évaluer en chiffres, les beautés de quelques régions seulement du cheval considérées comme d'une importance prédominante, pour tirer du total des points une appréciation d'ensemble sur le sujet. M. le professeur Baron (2) a tenté de

1. *Recueil de médecine vétérinaire*, 1877, p. 710 et 843.
2. Même recueil ; 1888, p. 797 et 1889, p. 33, 105, 185, 262, 326 et 379.

divulguer une méthode analogue sous le nom de « méthode des points » sur lesquels doit porter l'examen, et il s'est efforcé de construire pour chaque type d'utilisation, un tableau spécial où se trouvent énumérées et cotées à leur importance relative les aptitudes à noter. Quelque parfaite que soit une méthode de notation, elle ne dispense pas d'un examen approfondi du cheval et d'une expérience personnelle. Pour un achat isolé elle est un signe d'inexpérience, et pour le cas contraire, elle est : soit inutile, lorsqu'elle embrasse trop de points, parce qu'elle perd de son caractère simplificateur, soit insuffisante, lorsqu'elle réduit l'appréciation à un petit nombre de régions, parce qu'elle simplifie trop. L'expression « méthodes d'achat » a ici un sens général et objectif ; elle désigne les moyens et les procédés en usage pour acheter un cheval ou le vendre, et les lieux où se font les transactions de ce commerce.

Ainsi envisagés ces procédés diffèrent selon la qualité du contractant. Ce dernier est-il un simple particulier ; il opère pour le cheval comme il le fait pour tout autre animal domestique ; il va au marché ou chez un marchand. Lorsque c'est l'Etat, personne morale qui n'agit pas directement, il est représenté par divers organes administratifs, dont il est nécessaire d'étudier l'organisation et le fonctionnement.

Titre I. — Méthodes des particuliers.

Le plus souvent les particuliers vendent et achètent leurs chevaux au marché, chez le marchand, ou dans des établissements spéciaux aménagés tout exprès, tels que le Tattersall français et l'établissement Chéri.

1º Foires et marchés

C'est dans les foires et les marchés que les transactions s'opèrent le plus nombreuses, de la manière la plus simple, mais aussi la plus primitive.

Les foires varient d'importance suivant les localités et l'époque de l'année où elles se tiennent. Certaines n'ont pour objet que le commerce des chevaux ; d'autres ont pour objet l'exhibition de toutes espèces d'animaux domestiques.

Leur indication est annoncée et publiée à l'avance ; elles reviennent d'ailleurs à intervalles périodiques ; la nomenclature de celles qui sont le plus connues est consignée dans divers annuaires et dans un grand nombre d'almanachs (1).

En général le vendeur ne peut introduire son cheval

---

1. Charles du Hays, *Almanach des foires chevalines, Guide du marchand de chevaux et du consommateur.*

sur le marché qu'après avoir payé une certaine rétribution. Il n'en est autrement que dans les marchés francs.
Il conduit son cheval à l'emplacement réservé pour la
catégorie dont il fait partie, et l'y attache au besoin aux
places déterminées.

Dans beaucoup de localités, l'endroit choisi est très
variable, une promenade, une place publique, un champ.
L'aménagement est improvisé peu de temps à l'avance à
l'aide de cordes tendues entre les arbres. D'autres fois
l'emplacement est simplement indiqué par l'autorité
locale, et les vendeurs y viennent tenir leurs sujets à la
main jusqu'à ce qu'ils trouvent acheteur.

L'ordre ne préside pas toujours à ces réunions ; l'en-
combrement y occasionne des accidents nombreux que les
précautions les plus élémentaires pourraient éviter. Aussi
voit-on souvent le visiteur muni d'une canne ou d'un
bâton pour se préserver le cas échéant des sujets dangereux à proximité desquels il est exposé à passer.

Les chevaux sont placés diversement sur le champ de
foire, tantôt écartés suffisamment pour qu'il y ait possibilité de les examiner à loisir, tantôt tellement rapprochés
qu'ils ne sont abordables que par devant ou par derrière.
Alors il est indispensable de les faire sortir du rang pour
les examiner.

Bref il est difficile d'acheter sur le marché. Tout d'ailleurs y excite les chevaux (cris, hennissements, mouvement continuel), et leur donne une ardeur inaccoutumée à
laquelle l'acheteur ne doit pas se laisser prendre.

Marché aux chevaux de Paris.

Le marché de Paris est l'un des mieux organisés par suite de sa fréquence, et du nombre et de l'importance des transactions qui s'y opèrent (1).

Des ordonnances rendues par la préfecture de police sous la surveillance de laquelle il est placé en règlent minutieusement les détails pour tout ce qui concerne la sécurité, la salubrité et le bon ordre.

Il se tient dans un emplacement réservé situé boulevards Saint-Marcel et de l'Hôpital. Il a lieu deux fois la semaine, le mercredi et le samedi ; le premier lundi de chaque mois est en outre réservé à la vente des chevaux de luxe. Les heures d'ouverture et de fermeture sont fixées d'après la saison.

Il est absolument interdit d'acheter avant l'ouverture ou après la fermeture et aux abords du marché ; les aubergistes voisins ne doivent pas se prêter à cette fraude.

Les chevaux entiers sont introduits par la porte du boulevard de l'Hôpital, les juments par celle du boulevard Saint-Marcel, et les chevaux hongres indistinctement par les deux portes.

Le côté sud est affecté aux premiers; le côté nord aux secondes ; les côtés de droite et de gauche le sont aux chevaux hongres ; les chevaux amenés pour la boucherie occupent également un emplacement distinct.

Les vendeurs les premiers arrivés choisissent leurs

1. Page 4.

places sauf celles qui sont réservées aux abonnés. En cas de difficulté, le placement est réglé par le commissaire de police du quartier.

Les chevaux doivent être attachés aux poteaux et aux barrières, et non pas laissés libres ou attachés aux arbres. Il ne doit pas être attaché plus de six chevaux à chaque barrière.

Une rétribution minime est imposée aux exposants proportionnellement à la place qu'ils occupent.

Les essais pour le tirage et le saut sont faits dans des endroits disposés exprès et réservés. Il existe une rampe d'essai qui consiste dans un double plan incliné avec des trains de voiture qu'il est possible d'enrayer afin d'augmenter la résistance et l'effort.

Ces moyens d'essai sont à la disposition du public et permettent d'apprécier la façon dont les chevaux tirent dans les montées et retiennent dans les descentes.

Les essais pour le trot ont lieu sur les chaussées du milieu. Le galop de course est interdit.

Les trotteurs de chevaux doivent être agréés et permissionnés par l'administration ; leur nombre est limité ; il leur est délivré un brassard et une permission. Leur costume et leur salaire sont réglés par l'ordonnance de police du 24 janvier 1874 (1).

Les ventes à l'encan se font sous la surveillance des vétérinaires délégués par la préfecture de police, dont

---

1. *Collection officielle des ordonnances de police*, tome II, p. 555.

les honoraires sont fixés à raison du nombre et du prix de vente des chevaux visités.

Le prix de vente peut être déposé à la caisse de l'inspecteur du marché. Mention est faite de ce dépôt sur un registre spécial contenant la désignation des parties et du cheval, et l'indication du prix. Cette mention est signée des contractants. Après l'expiration des délais de garantie, le vendeur peut retirer la somme déposée, sans frais pour lui, s'il n'y a pas eu d'opposition ou de plainte de nature à arrêter ce retrait.

Des mesures rigoureuses sont édictées pour empêcher la vente des animaux atteints de maladie contagieuse, et éviter les causes de contagion. Outre que cette vente peut constituer un délit et qu'elle est nulle au point de vue civil (1), elle donne lieu à une visite sanitaire immédiate, afin que, sur le rapport de l'expert, le commissaire de police prenne les mesures urgentes qu'il croit utile. Les chevaux susceptibles de guérison sont remis au propriétaire à charge par lui de les représenter à première réquisition. Ceux qui sont incurables sont abattus après une visite contradictoire ; en attendant ils sont isolés et mis en fourrière aux frais de qui de droit.

2° Ecuries des marchands.

Généralement les chevaux de valeur ne sont pas expo-

1. Voir page 177.

sés en foire. On les trouve plutôt dans les écuries de la
ville où ils sont présentés aux amateurs avec tous les
raffinements que comporte le commerce de luxe. En
outre beaucoup de gens achètent aux marchands à raison
de la commodité ; ils ont moins à se déranger, et ne sont
pas obligés d'attendre qu'il y ait une foire dans le voisi-
nage ; n'est-il pas exact aussi de dire qu'ils manquent
trop d'expérience pour oser se risquer sur un marché.

Les marchands eux-mêmes fréquenteraient, paraît-il,
de moins en moins ces réunions dont l'importance commerciale diminuerait tous les jours. Lorsqu'ils ne se dépla-
cent pas directement, ils ont des courtiers explorant les
centres de production et d'élevage, qui font affaire avec
les éleveurs ou les fermiers au nom de la maison qu'ils
représentent. Quant à la vente définitive, elle se fait soit
au domicile du marchand, soit au dépôt ou à la succur-
sale qu'il a sur les marchés voisins de sa résidence.

Sauf un luxe variable et des proportions plus ou moins
vastes, toutes les écuries des marchands offrent à peu
près le même aspect. Tout y est disposé pour faire valoir
le cheval et illusionner l'amateur. Les chevaux y sont
placés sur deux rangs de façon que le visiteur puisse les
voir facilement en se promenant derrière eux. Tantôt
ils occupent des stalles distinctes ; tantôt ils sont logés
dans des compartiments connus sous le nom de « box »;
d'autres fois ils sont simplement côte à côte sans barre
de séparation dans leurs intervalles. Quoi qu'il en soit,
le sol sur lequel ils reposent est toujours fortement

incliné vers le passage destiné à l'acheteur parce que cette disposition avantage leur taille, et fait ressortir l'élévation du garrot.

Il est très facile et très commode d'acheter chez le marchand : il a toujours un cheval qui fait votre affaire et a toutes les qualités demandées et quelques autres encore. Ces avantages expliquent donc suffisamment l'élévation des prix de vente.

A Paris certains établissements où l'on vend des chevaux, sont remarquables par le luxe et le confort qui s'y rencontrent, et par leur importance commerciale ; les plus connus sont le Tattersall français et l'établissement Chéri.

3° Etablissements de vente

Tattersall français

Le Tattersall français est un établissement fondé par décret du 10 janvier 1855 et installé à Paris, rue Beaujon, sur le modèle du Tattersall fondé à Londres au siècle dernier par Richard Tattersall.

Il joue le rôle d'un intermédiaire vis-à-vis de l'acheteur et du vendeur, sans être le mandataire ni de l'un ni de l'autre. C'est en quelque sorte un courtier qui rapproche les contractants et facilite les négociations, un arbitre désintéressé dont la décision sauvegarde les deux intérêts opposés.

Ses services sont rétribués au moyen d'un tant pour cent du prix de vente à la charge de chacune des parties. Si la vente a lieu aux enchères, c'est l'adjudicataire qui paie le plus cher, 10 0/0 du prix contre 5 0/0 à la charge du vendeur. Si la vente a lieu à l'amiable c'est l'inverse ; l'acheteur paie 2 fr. 50 0/0 et le vendeur 6 0/0.

On vend au Tattersall surtout des chevaux de pur sang isolés ou en groupes, et des chevaux d'attelage. Les chevaux sont désignés par leur nom, leur âge, leur robe, leur taille et leurs aptitudes. Les amateurs les examinent à l'écurie et au manège ensuite.

Les ventes ont lieu le jeudi et quelquefois le samedi. Les chevaux sont pensionnés à l'établissement pendant quelques jours avant la vente ; les amateurs ont ainsi le temps de les y examiner à leur gré. Diverses conditions de présentation et de réception sont imposées aux vendeurs.

La déclaration des chevaux mis en vente est faite sous la seule responsabilité des vendeurs. L'âge n'est indiqué qu'à titre de renseignement seulement ; il n'est jamais garanti, excepté pour les produits de pur sang.

Les chevaux sont tous soumis à la visite sanitaire prescrite par la préfecture de police.

La vente se fait au comptant : le prix est payé sitôt l'adjudication à l'établissement qui le rembourse au vendeur. Faute de paiement du prix, et après une sommation infructueuse, le cheval est remis en vente aux risques et périls de l'adjudicataire.

Le Tattersall décline toute responsabilité à raison des accidents et ne se charge point de l'expédition des chevaux.

L'acheteur a, pour vérifier les aptitudes, trois jours, non compris celui de la livraison.

La vente est faite avec ou sans garantie des vices rédhibitoires, ce qui est déclaré au moment de la négociation ou auparavant, et ce qui signifie : avec ou sans garantie des vices rédhibitoires prévus par la loi du 2 août 1884.

Le Tattersall ne doit aucune garantie ; il est tenu simplement d'indiquer à l'acheteur le nom du vendeur (1).

En cas de résiliation de la vente, tous les droits d'achat et les frais sont payés par le vendeur.

Deux articles du règlement du Tattersall sont intéressants.

L'un concerne une attribution de compétence. La vente vaut attribution de compétence : au juge de paix du huitième arrondissement de Paris pour la nomination des experts au cas où l'expertise est requise ; et pour le jugement du procès, s'il y a litige, au tribunal civil de la Seine.

L'autre article dispose qu'aucune action n'est recevable si le cheval n'a pas été ramené en fourrière au Tattersall. C'est une condition supplémentaire de recevabilité ajoutée à celles exigées par la loi pour l'exercice de l'action

---

1. Ainsi jugé, Paris, 30 mars 1898, à propos d'un poulain qui avait été vendu « papiers promis » ; *Gaz. du Palais*, table analytique, 2ᵉ série, 1898, mot vente, p. 167.

rédhibitoire. Il y a là une convention stipulée tacitement dans l'intérêt des deux parties, une clause licite et obligatoire qui met obstacle simplement à l'exercice de l'action, sans qu'elle constitue pour le contrevenant une déchéance véritable, et la perte du droit d'agir. En ce sens, Cass., 19 déc. 1871, S. 1871, 1. 240.

Etablissement Chéri

L'établissement Chéri a le même but et joue le même rôle que le Tattersall français. Il a été fondé quelques années avant ce dernier par M. Chéri Salvador, rue de Ponthieu, et il représente également en petit le Tattersall de Londres.

Les ventes s'y font le mercredi ; elles sont annoncées d'avance par les affiches et catalogues publiés le vendredi précédent.

La vente a lieu par adjudication ; en cas d'erreur dans la désignation insérée au catalogue, elle est rectifiée avant la mise en vente. Le public peut visiter les chevaux deux jours avant la vente.

L'acquéreur paie 10 0/0 en sus de son prix pour frais de vente et honoraires du commissaire-priseur. Le directeur garde ses frais s'élevant à 5 0/0 sur le prix de vente. Si le vendeur rachète, il ne paie en tout que 6 0/0. Une indemnité de 50 fr. est due pour les chevaux inscrits et non envoyés. Pour toute résiliation de marché ou manque d'aptitudes, le vendeur doit 10 0/0 en sus des frais d'adjudication.

Le délai de garantie est celui de la loi ; pour manque d'aptitudes du cheval, il est de trois jours et court du lendemain de l'adjudication.

En cas de difficultés après la vente, le vendeur est tenu de s'en rapporter à la décision d'un tribunal arbitral, composé des vétérinaires de chacun des contractants et d'un troisième vétérinaire qui, en cas de désaccord, décide souverainement et sans appel.

M. Chéri s'est interdit de faire aucune vente ou acquisition pour son compte personnel.

Ces établissements occasionnent des frais élevés d'entremise ; malgré tout, le vendeur qui les utilise n'a généralement pas lieu de s'en plaindre, car ainsi il n'est pas obligé de répondre aux questions obséquieuses de l'acheteur qui veut toujours savoir pourquoi le cheval est vendu et quels défauts il a ; or, ne pas répondre du tout, c'est déprécier le cheval ; mieux vaut éviter cet inconvénient en se servant de l'entremise des établissements Chéri et Tattersall.

APPENDICE

Dans les méthodes d'achat, nous ne mentionnerions que pour mémoire les ventes faites aux enchères publiques par l'intermédiaire d'un officier ministériel, car elles sont relativement peu nombreuses, si elles n'étaient, au point de vue sanitaire, l'objet d'une déclaration spéciale.

Des arrêtés préfectoraux pris dans divers départements,

entre autres : Seine, 30 juillet 1890 ; Marne, 27 novembre 1891 ; Loire, 31 octobre 1894 ; Calvados, 29 janvier 1895 ; Manche, 17 août 1898, prescrivent à l'officier ministériel chargé de la vente, d'en faire à l'avance la déclaration au maire de la commune où elle doit avoir lieu, et de lui indiquer notamment le nom du vétérinaire chargé de la visite. S'il n'en a été indiqué aucun, le maire en nomme un d'office. Un certificat de santé est remis à l'officier ministériel ou au propriétaire, et il ne doit pas être délivré plus de deux jours avant celui de la vente.

Dans certains départements (par exemple Seine, Marne, Loire), la visite sanitaire est imposée pour toutes les ventes sans exception.

Dans le Calvados, la visite n'est obligatoire que pour les ventes publiques d'animaux provenant « de commu- « nes dans lesquelles un ou plusieurs herbages ou ex- « ploitations seront sous le coup d'une déclaration d'in- « fection pour cause de maladies épizootiques ».

Dans la Manche, la visite avait d'abord été imposée dans tous les cas. Mais à la suite de réclamations nombreuses, l'arrêté préfectoral a été modifié, et actuellement le certificat sanitaire n'est plus exigé que dans le cas où des épizooties existeraient ou auraient sévi dans un rayon de quinze kilomètres du lieu de la provenance des animaux.

Titre II. — Méthodes d'achat de l'Etat

Un grand nombre de propriétaires de chevaux se les procurent autrement que par voie d'achat : ils les élèvent. L'État, au contraire, achète presque tous ceux dont il a besoin. Le service public qui en exige et en consomme le plus grand nombre est l'armée ; une institution spéciale a été créée pour l'achat des chevaux d'armes. L'État, en outre, à tort ou à raison, intervient directement dans la production chevaline, en mettant à la disposition des éleveurs des étalons qu'il entretient dans des établissements appelés haras ; or, la plupart des étalons sont également achetés par l'État ; il n'en élève qu'un très petit nombre (1).

1° Achat des chevaux de guerre

Théoriquement, on pourrait discuter la question de savoir quel est le meilleur procédé économique pour l'État de se procurer les chevaux de guerre : les élever ou les acheter ; ce n'est pas ici le lieu de la résoudre ; l'État, en fait, n'est pas producteur ; il ne fait pas d'élevage,

1. Les étalons élevés par l'État sont de race arabe ou anglo-arabe ; l'établissement qui a ce but est la jumenterie de Pompadour.

par conséquent il n'a qu'un moyen de se procurer des chevaux pour l'armée : c'est de procéder par voie d'achats.

Ce point étant acquis, il se pose aussitôt une double question : quelle est la meilleure méthode d'achat ? quelle est la méthode suivie en réalité ? De ces deux problèmes, le plus important est évidemment le premier, car il constitue une question de principe, et son étude contient implicitement l'appréciation et la critique du système en vigueur. Il paraît donc logique de l'étudier tout d'abord. Cependant, sa solution n'est guère contestée aujourd'hui ; le mode actuel, incarné dans l'institution des remontes, semble admis par tous comme le meilleur en principe ; les critiques qu'il soulève ont trait plutôt à son organisation et à son fonctionnement qu'à l'idée qui lui sert de fondement. En outre, une remarque s'impose : la meilleure méthode d'achat n'est pas la plus rationnelle et la plus logique au point de vue théorique, c'est celle qui donne les résultats les plus satisfaisants. Pour ces deux raisons, nous ne discuterons pas ce problème de la meilleure méthode d'achat, nous manquerions d'expérience pour le faire utilement ; nous nous bornerons à montrer un aperçu historique des systèmes qui, ayant été successivement adoptés, ont disparu, pour étudier ensuite l'institution actuelle des remontes dans ses rapports avec notre sujet, en signalant au passage les objections et les critiques dont elle a été l'objet.

Aperçu historique des systèmes suivis (1).

Avant la Révolution, jusqu'au ministère du duc de Choiseul, c'étaient les capitaines eux-mêmes qui étaient chargés du soin de procurer des chevaux à leurs compagnies ; ils prenaient dans ce but les mesures qu'ils jugeaient les meilleures, et cela sous leur responsabilité ; de là une très grande variété de systèmes.

Depuis cette époque, le soin de remonter l'armée a été confié à l'État, et dès ce moment, s'il y a unité de méthode, en revanche on remarque une très grande inconstance dans l'application. A l'époque de la Révolution et de l'Empire tous les systèmes de remonte connus ont été successivement discutés, adoptés, rejetés, puis repris et abandonnés aussitôt.

Au lieu de raconter en détail l'instabilité, la vie et la durée de ces systèmes qui ont chacun leurs avantages et leurs inconvénients, il est préférable de les grouper par catégories.

Ils se ramènent à quatre types principaux : achats directs, marchés généraux, réquisitions, et élevage.

A. *Achats directs par les corps.*

L'achat direct du cheval par le corps à l'effectif duquel

1. Voir Recrutement des chevaux de remonte avant la Révolution par le capitaine Choppin, dans la *Revue des Haras*, juin 1897 et mois suivants.

il figure est un procédé si simple et si facile qu'il a été
essayé le premier. Lorsqu'un régiment a besoin de chevaux, son officier le plus compétent reçoit mission
de se mettre en rapports avec le vendeur; il fait les
achats nécessaires; et, sa remonte terminée, il la ra-
mène au corps. Comme il a eu toute liberté d'agir sauf à
ne pas dépasser les crédits alloués, et qu'il est responsable, tout semble l'encourager à bien faire. Ce procédé
paraît très économique, car il ne comporte ni frais inutiles, ni intermédiaires. Pourtant ses résultats sont loin
d'être aussi satisfaisants qu'on pourrait l'espérer. Étrangers aux contrées sur lesquelles ils opèrent, les officiers
acheteurs sont mal au courant des ressources chevalines
du pays ; ils tombent sous le monopole des marchands,et
ce sont ces derniers qui réalisent les gros bénéfices au
détriment de l'armée et de l'élevage ; de là découragement
du producteur. En outre si plusieurs officiers arrivent
sur le même point, leurs demandes font monter de suite
les prix; ils se font concurrence, d'où augmentation de
dépenses pour l'État. Avec ce procédé encore il n'y a pas
d'uniformité entre les régiments dont les uns sont bien
et les autres mal pourvus, suivant les ressources chevalines plus ou moins grandes du pays qui leur est assigné.
Enfin si l'on ajoute à tous ses motifs le défaut de contrôle,
puisque l'officier agit isolément, et la tentation d'impro-
bité à laquelle il est exposé, on a le résumé des principaux inconvénients de l'achat direct. Dans les moments de
crise et d'urgence néanmoins, ce système est si simple qu'on

y est revenu naturellement plusieurs fois, en 1810 et 1814 par exemple, et qu'on l'a repris et laissé une dizaine de fois en cinquante ans.

B. *Marchés généraux.*

Dans le système des marchés généraux, l'achat n'est pas fait directement par des fonctionnaires de l'État. Celui-ci s'entend avec les éleveurs ou des marchands, et leur commande les chevaux nécessaires, en fixant la quantité, la qualité et le prix moyen. Ce mode de remonte est désastreux à tous égards. Comment préciser la qualité d'un cheval, et fixer un type de livraison ? Le cheval n'est pas un échantillon ordinaire. Tel animal qui a des tares peut valoir pour l'armée mieux que celui qui est net ; la qualification de bon et de mauvais est chose relative, or le prix est toujours le même ; d'où cette conséquence que le vendeur a tout intérêt à frauder ; aussi tous les genres d'abus deviennent possibles. On présente les chevaux en faisant succéder à un mauvais cheval, un passable ; celui-ci décide à accepter l'autre. En outre le fournisseur ne songe qu'à réaliser de gros bénéfices, peu lui importe de favoriser l'élevage national ; s'il y trouve avantage, il se fournit à l'étranger. C'est dire que ce procédé amène l'infériorité des remontes, la destruction des ressources et la fraude dans les marchés tant pour la qualité que pour le prix. Malgré tout, il a fallu y recourir souvent, parce qu'il assure tant bien que mal le service, et qu'il est préférable de payer plus cher le médiocre que de ne rien avoir du tout.

C. *Réquisitions.*

La réquisition c'est la dépossession du propriétaire par l'État moyennant indemnité. Elle diffère de l'achat en ce qu'elle est obligatoire pour le vendeur, à qui l'on prend son cheval, malgré sa volonté ; en cela elle se rapproche de l'expropriation. Ce système bien employé constitue un moyen très puissant, très prompt, et légitime ; mais son application n'est efficace que si elle est préparée avec soin, modération et discernement, et si aucun des rouages de son mécanisme n'est laissé au hasard. Mal employée la réquisition conduit peu à peu au gaspillage, et à l'épuisement des ressources nationales : c'est ce qui s'est produit en 1792, et pendant la guerre de 1870-1871.

Ce procédé mérite d'être appliqué dans une certaine mesure en temps de guerre. Il est consacré par une loi du 3 juillet 1877 qui donne à l'autorité militaire le jour de la mobilisation le libre usage de tous les chevaux existant sur le territoire. Les commissions de recensement sont spécialement chargées d'en assurer l'exécution.

D. *Elevage des poulains.*

Outre ces divers systèmes on a essayé encore l'élevage des poulains. Par là il ne faut pas entendre que l'État produise les chevaux ; il n'est pas éleveur. Le cheval de guerre est acheté comme dans les systèmes précédents ; mais son achat se fait lorsqu'il est très jeune, et ensuite il est élevé jusqu'à ce qu'il soit en âge de servir. L'avantage de ce système est que le cheval n'est pas exporté chez les puissances voisines, et qu'étant plus jeune il coûte moins cher. L'inconvénient consiste en ce que la location des enclos et prairies nécessaires à l'élevage des poulains représente un capital considérable qui porte à un chiffre excessif le prix de revient d'un cheval lorsqu'il est apte au service. Jadis pratiqué en Allemagne dans quelques régiments, et finalement abandonné, ce mode de remonte n'a jamais pu s'acclimater longtemps chez nous.

2° Institution des Remontes (1).

C'est le maréchal Gouvion St-Cyr qui réalisa l'idée de créer des dépôts de remonte destinés à acheter directement et régulièrement aux éleveurs, les chevaux de guerre sauf à ne les livrer aux régiments qu'au fur et à mesure de leurs besoins.

On se contenta d'abord de deux dépôts, l'un à Caen, l'autre à Clermont-Ferrand ; l'essai ayant réussi, on en augmenta successivement le nombre, et leur fonctionnement fut réglé et remanié par de nombreuses décisions ministérielles.

Des commissions furent nommées qui ont élaboré le plan à adopter, et posé les règles et les conditions principales des achats ; en voici quelques-unes :

1. Règlement ministériel du 1er août 1896 ; *Bulletin min. Guerre,* 1896, P. R., n° 34 ; Note ministérielle du 23 septembre 1897 ; *id.,* 1897, P. R., p. 339.

Les chevaux de cavalerie sont achetés à trois ans et demi, et pour qu'ils n'encombrent pas les régiments, ils sont conservés jusqu'à quatre ans et demi ou cinq ans dans des dépôts dits de transition.

Les achats ont lieu d'une façon uniforme chaque année par l'entretien d'effectifs fixes et de réformes réglées.

Ils sont faits à toute époque et exclusivement en France.

Les achats à effectuer sont répartis dans les différentes contrées d'élevage proportionnellement aux ressources productives de ces centres.

C'est sur ces bases fondamentales que les remontes militaires ont été successivement modifiées et réorganisées depuis 1883.

On a proposé bien d'autres combinaisons : l'achat de chevaux à l'exclusion des juments pour permettre de consacrer toutes celles-ci à la reproduction ; la création de jumenteries ou haras affectés spécialement à la production du cheval de guerre ; le renouvellement des chevaux par quart ou cinquième pour donner une impulsion nouvelle à l'industrie chevaline, et constituer de la sorte une réserve de chevaux de guerre qui serait d'un précieux concours le jour de la mobilisation.

A. *Comités d'achat.*

1° Composition. — Les achats sont faits par des comités d'achat existant dans chacun des dépôts de remonte.

Chaque comité est composé de trois membres, dont deux permanents et hors cadres : le commandant du dépôt, officier supérieur ou capitaine, et un capitaine attaché au dépôt. Le troisième membre est normalement : soit un officier de cavalerie ou d'artillerie détaché de son corps pendant la période active des achats, c'est-à-dire du 1ᵉʳ octobre au 15 mai ; soit le vétérinaire du dépôt de remonte, celui du dépôt de transition annexe du dépôt, ou l'officier comptable du premier établissement.

Les officiers acheteurs viennent uniquement des corps de cavalerie. Admis d'abord à titre temporaire dans le service des remontes, ils y passent ensuite à titre permanent ; il convient en effet de n'admettre dans ce dernier service que des officiers ayant acquis la maturité de caractère et l'expérience qui résultent de la pratique du commandement.

Un maximum d'âge est fixé pour l'admission dans ce service des capitaines qui n'y ont pas fait de stage, afin que les officiers acheteurs ne fassent pas trop tard partie des comités d'achat, et qu'ils puissent rendre longtemps des services, après avoir acquis l'habitude d'acheter, car c'est l'Etat qui fait les frais des erreurs résultant de l'inexpérience de ses mandataires.

Les officiers composant les comités d'achat sont appelés ensuite à les présider ; il est en effet difficile de présider les commissions d'achat sans avoir au préalable fait partie de ces dernières. Après leur admission à la retraite les officiers acheteurs peuvent encore être conservés en cette qualité dans le service actif.

Il y a en France 175 officiers acheteurs à titre permanent sans compter ceux détachés temporairement des corps de troupe. Et il y a en outre un corps spécial composé de 3.000 cavaliers employés au service de la remonte.

Il en résulte une dépense pour l'Etat de un million et demi par an qui augmente le prix de revient des chevaux de 330 francs environ par tête. Ces faux frais sont excessifs (1).

En Prusse ils sont bien moindres ; les poulains y sont achetés par six commissions composées en tout de 24 officiers ; sur ce nombre les présidents seuls sont à titre permanent, les autres sont fournis par les régiments et rentrent au corps après les achats. Il n'y a d'ailleurs aucun personnel spécial comme cavalerie pour le service des remontes. Les chevaux achetés sont conduits par des cavaliers du régiment le plus proche qui rentrent ensuite à leur corps.

2° Fonctionnement. — Le comité fait des tournées dans les localités où il compte trouver le plus de chevaux et le meilleur choix, et cela de préférence les jours de foires et marchés ; il a soin d'annoncer son passage aux éleveurs par le moyen de la presse et de l'affichage. D'après

1. Quant à la dépense de l'ensemble de la remonte générale, elle est de 16 millions environ par an, chapitre XLI, budget du ministère de la guerre. La commission du budget de 1900 a voté une réduction des crédits actuels à titre d'indication.

les affiches, les chevaux doivent être pourvus par les soins du vendeur d'une ferrure et d'un licol en bon état. Le vendeur a deux francs à payer par cheval acheté pour le renouvellement de la ferrure.

Ces tournées ont été critiquées ; les marchands se procureraient d'avance les chevaux de la circonscription susceptibles d'être acceptés, et les présenteraient ensuite au dépôt. Souvent encore le petit éleveur préfère vendre son cheval au marchand qui, étant plus connu, se charge de le « faire passer à la remonte ». Aussi lors de leurs tournées, les comités ne trouvent-ils plus que les rebuts ; les frais occasionnés par leurs déplacements ne sont pas en rapport avec leur utilité.

Outre les tournées, le comité achète aussi au dépôt même, avec cette réserve toutefois que les chevaux présentés à l'achat doivent être nés et élevés dans la circonscriptions dont dépend le dépôt.

Les achats ont lieu toute l'année sinon d'une façon uniforme, du moins d'une façon permanente. Cette permanence a été jugée indispensable pour mettre en confiance le petit éleveur, celui auquel la remonte s'adresse le plus souvent. Il sait qu'elle lui prendra toujours son cheval à sa juste valeur, s'il convient au service de l'armée bien entendu, sans s'inquiéter de ses besoins d'argent, scrupules que n'a pas toujours le marchand désireux avant tout de faire de beaux bénéfices.

En outre si les achats n'étaient pas permanents, les prix subiraient des fluctuations périodiques et successives au grand détriment des intérêts de l'Etat, car la hausse se produirait précisément lorsqu'il est acheteur, et la baisse lorsqu'il ne l'est pas. La production elle-même diminuerait peut-être avec l'amoindrissement des prix et dans la même proportion. Or, si l'élevage périclitait, l'Etat paierait plus cher et ne trouverait pas de chevaux à son choix.

Quant à la négociation de la vente avec le comité d'achat, elle se fait d'une manière très correcte par la remonte. Des prescriptions en règlent les détails. Chaque propriétaire est libre de présenter lui-même son cheval ou de le confier à un cavalier.

Le cheval étant examiné par les officiers acheteurs, chacun de ceux-ci inscrit son avis sur une fiche particulière, ainsi que son prix d'estimation ; le cheval est admis ou refusé à la majorité des voix sans débat. Le président de la commission offre le prix calculé d'après la moyenne arithmétique des évaluations portées sur les fiches. Le vendeur accepte ou refuse ce prix également sans discussion.

En cas de refus par le comité, le président notifie au vendeur la décision de la commission en disant simplement que le cheval ne convient pas au service de l'armée, sans faire connaître, à haute voix tout au moins, le motif du refus, pour ne pas déprécier l'animal.

3° *Suppression.* — Les dépenses occasionnées par les comités d'achat, frais des tournées, et traitements du personnel, augmentent d'une façon notable le prix de revient des chevaux de guerre ; aussi a-t-il été question de supprimer ces comités. On a proposé, à l'exemple de ce qui se passe en Allemagne, de ne conserver au dépôt que le seul chef d'escadron auquel seraient adjoints pendant la période active des achats, deux officiers de cavalerie détachés de leurs corps.

Il est douteux que ce soit là une amélioration, et que, par ce moyen, l'on trouve des officiers ayant une habitude suffisante des achats pour être d'un concours utile. Le comité acheteur est dans l'obligation d'examiner, d'estimer et d'acheter, en moins de trois minutes, un cheval au milieu du groupe de tous ceux qui lui passent sous les yeux ; ce n'est pas de trop que trois officiers capables, ayant des aptitudes particulières, et une pratique personnelle, pour conclure le marché à des conditions avantageuses pour l'Etat. Les comités coûtent cher, mais il n'y a guère moyen de les remplacer. Si on le faisait cependant, les chevaux achetés auraient, à prix égal, moins de qualités qu'ils n'en ont actuellement avec le système en vigueur ; et il est probable que la perte subie par l'Etat sur la valeur de ses chevaux, dépasserait de beaucoup l'économie qu'il ferait sur la méthode d'achat.

4° *Commissions spéciales d'achat.* — Outre les comités d'achat des dépôts de remonte qui constituent le principal moyen d'acquisition des chevaux de guerre, il existe diverses commissions, entre autres celles des régiments de spahis et des légions de gendarmerie, qui ont également parmi leurs attributions celle d'acheter des chevaux.

Dans chaque régiment il existe une commission de remonte qui achète les chevaux que les officiers choisissent eux-mêmes dans le commerce pour leur service. L'officier a en effet deux moyens de se remonter. Il peut se remonter à titre gratuit, en choisissant avec l'autorisation de son colonel parmi les chevaux disponibles de son régiment ; mais il est autorisé, s'il le préfère, à acheter dans le commerce le cheval qu'il désire pour son service, et à le rendre ensuite à l'Etat sous certaines conditions d'âge et de prix. Or l'achat est fait pour le compte de l'Etat par la commission de remonte du régiment.

Les chevaux de pur sang doivent avoir quatre ans ; les autres cinq ans. Le prix est généralement fixé à 1.200 fr. pour la légère, 1.300 francs pour la ligne (dragons) et 1.400 pour la réserve (cuirassiers), sommes certainement inférieures au prix de revient moyen d'un cheval de troupe de la même catégorie. Si cette mesure constitue un avantage évident pour l'Etat, elle est à l'inverse pour l'officier une cause de préjudice, car il ne rentre pas à loin près dans ses déboursés. Aussi lui avait-il été accordé comme compensation la faculté de racheter son cheval lorsqu'il quittait le service actif. Un décret du 14 août 1896 lui a enlevé ce droit de rachat; il est permis de le regretter ; car on a supprimé de la sorte l'en-

couragement le plus efficace accordé à l'officier en vue
de le faire se remonter à titre onéreux.

La remonte des régiments de spahis a lieu au moyen
d'achats directs faits à des particuliers ou à des cavaliers.
Les achats aux particuliers sont effectués par les soins
des commissions de remonte instituées en Algérie
auxquelles est adjoint un officier de spahis. Quant aux
achats aux cavaliers, ils sont faits dans l'intérieur des
corps par une commission composée de trois officiers du
régiment, désignés par le général commandant la subdi-
vision, assistés d'un vétérinaire, et renouvelée tous les
six ans.

C'est aussi au moyen d'une commission spéciale que
la gendarmerie fait ses acquisitions dans le commerce.
Cette commission est composée de quatre membres
ayant tous voix délibérative ; elle ne fonctionne qu'au
chef-lieu de légion et ses réunions n'ont lieu qu'excep-
tionnellement, en principe, une fois au commencement
de chaque trimestre. Ce n'est qu'à défaut de chevaux
classés pour la gendarmerie dans les régiments de cavalerie que les gendarmes sont autorisés à acheter dans le
commerce (circulaire du 18 juillet 1890). En principe, ils
sont autorisés à refuser les chevaux qui leur sont présentés ; on ne leur en impose un d'office que s'ils
montrent de la mauvaise volonté. Le gendarme est propriétaire de son cheval qu'il paie au moyen de primes ac-
cordées par l'Etat : première mise, prime d'entretien,
prime de conservation. En fait ces primes représentent

une somme équivalente et souvent supérieure à la valeur du cheval, sans que l'Etat acquière aucun droit sur ce dernier. Dès lors il vaudrait mieux pour l'Etat remonter gratuitement le gendarme ; ses déboursés auraient du moins l'avantage de lui donner en échange un droit de propriété, et ce serait là peut-être un moyen pour lui de se procurer pour le cas de guerre une réserve de plusieurs milliers de chevaux de cavalerie.

Il ne suffit pas de savoir à qui est confiée la mission d'acheter les chevaux pour l'armée, il faut encore connaître à quel âge il vaut le mieux les acheter, et le prix alloué par le budget.

B. Age d'achat

La question de l'âge des chevaux au moment de leur achat est importante, car c'est sur elle que repose en grande partie l'institution des Remontes. Plus le cheval est acheté jeune, plus il est difficile de le choisir ; il faut le deviner en quelque sorte ; pour cela ce n'est pas de trop que trois officiers expérimentés et réunis en commission. En outre, s'il est acheté très jeune, le cheval n'est pas aussitôt propre au service de la guerre ; il doit y être dressé et préparé ; d'où la nécessité pour cet usage d'établissements spéciaux où il est entretenu aux frais de l'Etat.

Cette question de l'âge du cheval a fait l'objet de discussions sans cesse renouvelées et toujours actuelles.

Pour les uns, le cheval doit être acheté à l'âge de cinq

on six ans, et ensuite envoyé directement au corps auquel on le destine. Si à cet âge son prix est élevé, du moins sa valeur est en rapport avec la somme qu'il a coûté ; et l'Etat y trouve cet avantage que les frais d'acquisition seuls viennent s'ajouter au prix ; c'est supprimer du même coup les frais d'entretien et de séjour dans les dépôts de transition.

Pour d'autres, le cheval d'armes doit être acheté à partir de trois ans, surtout à trois ans et demi et quatre ans, car après cet âge, on ne le trouve plus ; il a été enlevé pour les besoins du commerce de luxe. L'éleveur en effet se débarrasse de son produit dès qu'il peut, et par conséquent sitôt qu'on lui offre un prix avantageux et rémunérateur.

Que l'on n'objecte pas à cette opinion, que l'éleveur gardera son cheval jusqu'à cinq ans et plus, si la Remonte le lui paie assez cher, car le commerce paie toujours aussi cher que la remonte, et l'expérience prouve que le cultivateur préfère un profit moindre mais assuré à un gain plus fort mais aléatoire ; il évite ainsi les risques à courir : mortalité, tares, accidents de toute sorte. S'il garde son cheval d'ailleurs, qui l'assure que la remonte le lui prendra ?

Il ne faut pas affirmer non plus que tout cheval de cinq ans est apte au service de guerre, car il n'a pas été nourri et entraîné chez l'éleveur, comme il l'aurait été à la caserne.

Il y a quelques années, l'idée de l'achat à cinq ans qui l'avait emporté jusqu'en 1879, faillit prévaloir à nouveau. Aussitôt les marchands de Paris s'entendirent avec les marchands de province pour une action commune, si la mesure était prise, en vue de s'assurer le monopole de la fourniture à bref délai, les petits cultivateurs étant dans l'impossibilité d'y faire face individuellement.

En fait, les chevaux de tête, les chevaux de cavalerie et des batteries à cheval de division de cavalerie sont achetés à trois ans et demi, sauf les chevaux de pur sang munis de certificats d'entraînement qui, depuis 1897, le sont dès l'âge de deux ans et demi. Ils sont ensuite élevés dans les dépôts de transition jusqu'aux mois d'octobre et de novembre de leur quatrième année accomplie.

Les chevaux d'artillerie de selle devraient être compris dans cette mesure.

Quant aux chevaux d'artillerie, ils sont achetés de quatre à huit ans, et envoyés directement à leur corps.

Ils sont beaucoup plus faciles à trouver que les chevaux de selle.

C. *Prix d'achat*

Le prix d'achat est fixé chaque année par le budget ; mais il reste toujours sensiblement le même. Il ne comporte ni minimum ni maximum ; il est unique, et censé représenter la valeur du bon cheval de chaque catégorie.

A cet égard, les chevaux de guerre sont répartis en trois catégories d'après leur destination : chevaux de carrière employés dans les écoles d'équitation de l'armée, les chevaux de tête réservés à la remonte des officiers, et les chevaux de troupe, classés d'après l'arme à laquelle ils appartiennent : réserve, ligne, cavalerie légère, artillerie (selle) et artillerie (trait).

Le cheval gris est payé 1/8 en moins que sa valeur intrinsèque, et on n'en achète jamais de passables pour ne pas encourager cette robe dont les inconvénients à la guerre sont certains.

Ces indications sont celles du prix moyen qui n'a guère varié depuis dix ans. Mais une grande latitude est laissée aux commandants de remonte pour réaliser des économies ou payer plus cher des chevaux difficiles à trouver, les chevaux de carrière et de réserve, par exemple, dont le commerce de luxe s'empare à n'importe quel prix.

La Remonte paie assez cher le cheval ordinaire. Elle n'a guère à redouter la concurrence du commerce, car elle le paie plus cher que lui, souvent au-delà de la valeur réelle. N'en est-ce pas une preuve que ce but visé par tous les petits cultivateurs de produire un cheval acceptable par le comité d'achat ; ils savent que le commerce n'en donnerait pas le même prix, et que le cheval refusé par la Remonte au prix de mille francs est donné ensuite à huit cents francs à qui veut le prendre.

Pour les autres catégories, les prix sont insuffisants, car le luxe ne lésine pas pour acheter ce dont il a besoin ; il constitue à l'État une sérieuse concurrence. Aussi tout le monde est d'accord pour réclamer une augmentation de prix ; si on ne l'accorde pas c'est à cause de l'équilibre toujours instable du budget. Il a été proposé souvent et

toujours en vain de majorer les prix d'achat en affectant
à leur augmentation les huit ou neuf millions consacrés
chaque année à l'administration des haras.

La fixation des prix d'après la catégorie de classement
est critiquable. Avec cette façon de faire, en effet, on arrive
fatalement à ce résultat que deux chevaux étant achetés,
l'un médiocre, l'autre bon, s'ils sont classés dans la même
catégorie, la différence de prix qu'on leur attribue n'est
pas en rapport avec la différence de leur valeur propre ; et
s'ils appartiennent à une catégorie différente, le cheval
médiocre peut avoir été payé plus cher que le bon cheval.
La valeur du cheval ne dépend pas de la catégorie dans
laquelle il est placé, mais des qualités qui le rendent en
lui-même plus apte au service auquel on le destine (1).

Quant au prix d'achat accordé au vendeur pour son
cheval, il lui est payé sur la production d'un extrait du
procès-verbal de réception délivré par le comité d'achat

1. Des primes de majoration sont décernées aux meilleurs chevaux hongres et juments de 3 ans 1/2 à 6 ans présentés montés
en selle et en bride et vendus à la remonte. Ces primes de majoration s'ajoutent au prix d'estimation accordé par le comité
d'achat. Il est accordé une prime à tout cheval présenté si le
comité le juge digne de recevoir cet encouragement. Cette prime
est payée à l'expiration des délais de garantie. Le cinquième de
toute prime de majoration revient de droit au naisseur. L'obtention de la prime n'oblige pas le vendeur à livrer le cheval à la
remonte s'il préfère le garder ; dans ce cas il ne reçoit pas le montant de la prime, mais seulement un certificat constatant que son
cheval a mérité la récompense.

au moyen d'un mandat à court délai sur le payeur du département ou son délégué.

D. *Conditions de l'achat.*

Les conditions civiles du contrat de vente, lorsque c'est l'Etat qui est acheteur, sont en principe celles qui régissent les rapports privés des particuliers.

Si le cheval est atteint d'un vice rédhibitoire ou garanti par le vendeur et qu'il y ait lieu d'intenter une action quelconque contre ce dernier, les diligences et les formalités nécessaires sont remplies par les fonctionnaires de l'intendance. Quand la rédhibition est prononcée le vendeur reprend son cheval dans le délai imparti par le jugement, faute de quoi la revente du cheval a lieu par les soins de l'administration.

L'agent judiciaire du Trésor reçoit toutes les pièces de l'instance et du jugement, et il opère le recouvrement des condamnations prononcées sauf leur réintégration ultérieure au crédit de la remonte générale.

Si le cheval a été envoyé directement au corps auquel il est affecté, le conseil d'administration du corps réceptionnaire prévient, aussitôt le vice découvert, l'intendant militaire qui agit en conséquence ; quant au cheval il est ramené aux frais de l'Etat au dépôt acheteur. C'est là que se fait la reprise de l'animal par le vendeur.

Le prix a le plus souvent déjà été mandaté et payé intégralement. Il est reversé au Trésor au moment de la reprise.

Outre ces conditions, il en est quelques-unes dont le but est de favoriser l'élevage du cheval en général, et celui du cheval d'armes en particulier.

Le cheval de remonte est enlevé à la reproduction ; c'est chose regrettable. Il serait à désirer, en effet, que les juments utilisées pour le service de la guerre puissent reproduire, ou du moins que les bonnes poulinières soient laissées aux éleveurs. Diverses décisions ministérielles ont été édictées dans ce but (1). Une circulaire du 7 mai 1882 également autorisait le département de la Remonte à acheter les pouliches de trois ans et demi pour les confier aux éleveurs qui devaient s'engager à les faire saillir par les étalons de l'Etat, à ne les livrer qu'à des travaux légers de culture, et à ne vendre les poulains dans le commerce qu'après les avoir présentés à la Remonte.

Ces mesures n'ont pas alors donné les bons résultats qu'on en attendait. Trop souvent l'éleveur manquait à ses engagements ; il faisait travailler sa jument sans s'inquiéter qu'elle fît des poulains, préférant qu'elle n'en fît pas, comptant sur le seul travail de l'animal pour lui procurer du bénéfice.

Ce système a été récemment remis en vigueur, ou plutôt essayé à nouveau. La Remonte (2) est autorisée à acheter les bonnes pouliches de selle de trois ans, bâties en poulinières ; le prix est payé sitôt l'achat, et d'après

1. Décisions ministérielles du 15 août 1878, du 2 mars 1883.
2. Circulaires ministérielles du 16 février 1898 et 10 février 1899.

la valeur réelle à ce moment. Le vendeur qui le demande est autorisé à garder l'animal pourvu qu'il s'engage à ne l'employer qu'à des travaux légers, et à le consacrer à la reproduction deux années de suite en le faisant saillir par un étalon de selle de l'administration des haras. Les produits restent la propriété exclusive de l'éleveur. La Remonte lui reprend l'animal vers cinq ans et demi, et peut allouer annuellement après chaque année de conservation une subvention en espèces à titre de prime d'encouragement.

L'achat fait dans ces conditions constitue un excellent moyen d'amélioration du cheval de guerre, et un encouragement donné au cultivateur. L'Etat et l'éleveur y trouvent chacun leur compte. Toutefois ce n'est là qu'un essai qui a porté sur 100 pouliches. Les résultats paraissent favorables. Néanmoins les remontes semblent avoir méconnu les intentions ministérielles en s'adressant pour faire l'essai, à de riches éleveurs, plutôt qu'à de petits cultivateurs ; ceux-là n'ont pas besoin comme ces derniers des primes et secours de l'Etat pour conserver leurs bonnes poulinières. Pourquoi, en outre, l'appréhension d'un travail véritable ? Le jeune cheval doit travailler ; sans quoi plus tard il manquera d'entraînement et sera sujet à beaucoup de mécomptes.

Non seulement, il y a une tendance actuelle à laisser le cheval acheté au vendeur, mais il est prescrit d'acheter le plus possible directement à l'éleveur et non au marchand.

Une circulaire du ministre de la guerre, rendue sur les propositions du général inspecteur des Remontes a approuvé les mesures suivantes en application depuis 1897.

Les présentations de juillet, août, octobre et novembre sont exclusivement réservées aux éleveurs, pour les chevaux de trois ans et demi. Il en est de même de celles des mois de janvier et février pour les chevaux de quatre ans.

Tout vendeur auquel la Remonte aura acheté vingt chevaux dans le courant d'une année, est partout exclu des présentations réservées aux éleveurs, à moins qu'il ne puisse dûment établir que les chevaux amenés par lui sont sa propriété personnelle depuis un an au moins.

Cette constatation est faite au moyen d'un certificat délivré aux éleveurs au cours des tournées du comité ou pendant les explorations des officiers acheteurs.

Il n'est plus admis aux présentations réservées aux éleveurs que des chevaux dits « à tous crins » à moins que ces animaux n'aient cinq ans administrativement, ou qu'ils ne soient présentés montés en selle et en bride, et ne soient reconnus être ainsi aisément maniables aux trois allures. Les chevaux de guerre de cinq à huit ans, continuent à être achetés à toute époque de l'année, indifféremment aux marchands ou aux éleveurs, qu'ils aient ou non toilette faite.

Appendice

Les chevaux, au fur et à mesure des achats, sont envoyés

directement au dépôt de remonte, ou bien ils y restent s'ils y ont été achetés, pour être, dans tous les cas, mis en observation pendant quelques semaines, précaution excellente, indispensable même, qui évite la propagation des maladies contagieuses.

Si parmi les chevaux il y en a qui soient cryptorchides, ils sont dirigés sur l'école d'application de cavalerie pour y être castrés. Après guérison ils sont maintenus à l'école, ou renvoyés soit à leur corps, soit à un corps plus à proximité de Saumur. Ceux qui ne sont pas envoyés à l'école sont opérés dans les dépôts de remonte où ils se trouvent. Ils sont réformés s'ils sont complètement impropres au service de l'armée.

Les chevaux qui sitôt l'achat sont aptes au service de guerre sont placés par groupes homogènes suivant l'arme à laquelle on les destine ; les chevaux dits de tête étant réservés pour les écoles militaires et les officiers.

Cette opération de classement exige beaucoup de capacité de la part des officiers acheteurs ; elle contribue à augmenter leur expérience en leur donnant l'occasion de revoir leurs chevaux, de les placer côte à côte et de se rendre compte des écarts d'appréciation commis au moment de l'achat.

La remonte de chaque régiment est ainsi formée, chaque année de chevaux de même conformation et de même provenance ; elle se fait au fur et à mesure des achats et par deux ou trois dépôts au plus.

Quant aux chevaux achetés très jeunes, ils sont au contraire envoyés provisoirement dans les dépôts de transition, où ils sont dressés et entraînés jusqu'à ce qu'ils soient classés et affectés aux régiments auxquels ils sont envoyés une seule fois chaque année dans le courant d'octobre.

Au cas où un régiment aurait, par suite de pertes exceptionnelles, besoin de ressources chevalines extraordinaires, il y serait pourvu par des mesures spéciales.

Enfin en cas de guerre, les achats sont faits par les commissions mixtes de réception.

2° Vente des chevaux de guerre

La vente des chevaux d'armes devenus impropres au service de guerre n'a pas pour l'État la même importance que leur achat. Il n'est donc pas étonnant qu'elle ait lieu d'une manière beaucoup plus simple, dans la forme des ventes administratives, et sans organes spéciaux.

Lorsque la commission de réforme a rendu sa décision, le sous-intendant militaire en est immédiatement informé ; le cheval est soumis à une inspection sanitaire, puis vendu par les soins de l'administration des Domaines.

L'inspection préalable n'est pas sans utilité, car la vente des chevaux atteints de maladies contagieuses ou suspects de l'être est interdite, et si elle a eu lieu elle est nulle de droit (1). Voici comment il y est procédé :

1. Voir page 180.

L'Intendance militaire prévient le préfet du département où la vente doit avoir lieu, le préfet de police si c'est dans sa circonscription. La visite est faite contradictoirement par le vétérinaire du corps et par un vétérinaire civil délégué à cet effet. Un rapport est dressé par le sous-intendant.

Au cas ou les deux vétérinaires ne sont pas d'accord, le sous-intendant provoque auprès de l'autorité civile, la nomination d'un troisième vétérinaire dont l'avis prévaut.

Lorsque dans le corps auquel appartiennent les chevaux réformés, il s'est produit dans l'année des cas de morve ou une épidémie, les chevaux ne sont remis aux domaines qu'après avoir été soumis aux épreuves de la malléine.

Si les chevaux réformés sont reconnus atteints de maladies contagieuses, ou s'ils sont suspects, ils sont, à la diligence des fonctionnaires de l'intendance, abattus ou soumis à un traitement approprié ; mais ils ne sont pas vendus.

Le jour de la vente est fixé d'accord entre l'intendance et les domaines, et choisi de préférence un jour de foire ou de marché au plus tard dans la quinzaine à partir du prononcé de la réforme.

Passé ce délai l'administration des domaines devrait prendre à sa charge les frais de nourriture jusqu'au jour de la livraison.

On fait une publicité suffisante pour attirer les amateurs. La remise aux domaines est justifiée par la délivrance d'un extrait du procès-verbal de vente.

Sur le terrain de la vente l'identité des chevaux vendus avec celle des chevaux réformés est constatée par le sous-intendant militaire à qui sont présentés les livrets matricules des chevaux.

Les aptitudes spéciales et les causes de réforme sont indiquées aux acheteurs, et mention en est faite dans le procès-verbal d'adjudication.

Pour les chevaux appartenant non plus à l'Etat, mais aux hommes de troupe ou de gendarmerie, la vente a lieu aux enchères par le ministère d'un commissaire-priseur en présence du sous-intendant militaire ou de son suppléant.

Extrait du procès-verbal de vente mentionnant qu'elle a été enregistrée est remis par l'officier ministériel pour être annexé aux propositions d'indemnité sur la masse des intéressés qui est créditée du produit de la vente.

Lorsque des poulains naissent dans les corps de troupe à cheval ou dans les établissements de remonte, la vente a lieu de la même manière sitôt qu'ils peuvent être sans danger séparés de leurs mères.

Dans tous les cas la vente se fait, quant aux conditions de fond, d'après les règles de droit commun. Il y a exception toutefois en ce qui concerne la garantie des vices rédhibitoires. En vertu d'une clause de style insérée dans le procès-verbal d'adjudication, l'Etat ne garantit pas l'acheteur contre l'existence de ces vices. L'article 59 de l'instruction ministérielle du 20 mars 1890 dispose que la vente a lieu sans la garantie des vices rédhibitoires autres que la morve et le farcin. Cette disposition n'est plus en harmonie avec la loi du 31 juillet 1895, qui a supprimé ces deux maladies de la nomenclature des vices rédhibitoires, et a rendu nulle de plein droit la vente du cheval qui en est atteint, eût-elle été faite entre contractants de bonne foi.

Les frais de vente sont payés avec les crédits ouverts pour les frais de régie de l'administration des domaines, et non sur ceux du budget de la guerre.

Dans les frais sont compris les honoraires des vétérinaires pour leurs visites de réforme, tarifés d'après le décret de 1807, après qu'ils ont été vérifiés par l'intendance militaire et arrêtés pour liquidation par les préfets. Y sont compris également les gratifications allouées aux cavaliers de remonte chargés de conduire les chevaux au lieu de vente et de les essayer devant les acheteurs.

Si des contestations ou réclamations se produisent relativement à la vente, elles sont examinées par l'administration des domaines, et non par les ordonnateurs secondaires du Département de la Guerre qui restent étrangers à tout débat judiciaire. L'instance est instruite et l'affaire jugée dans les formes prescrites en matière domaniale.

Parmi les juments réformées, il en est qui sont aptes à la reproduction ; aussi a-t-il été édicté par analogie avec ce qui se passe dans l'achat des chevaux d'armes, diverses mesures en vue de les vendre de préférence à des éleveurs, et d'obliger ces derniers à utiliser ces aptitudes reproductrices (1).

Dans certaines régions de corps d'armée désignées par le ministre de la guerre, les chefs de corps choisissent parmi les juments âgées de moins de quatorze ans, exemptes de tares transmissibles, celles qui leur paraissent bonnes poulinières. Ces juments sont adjugées exclusivement à des éleveurs que l'administration militaire, agrée avec justification faite par eux qu'ils s'adonnent à l'élevage du cheval de guerre. La liste de ces personnes est dressée à l'avance par les fonctionnaires de l'intendance sur la demande des intéressés, et transmise aux receveurs des domaines.

La vente se fait au lieu même de la garnison, et dans aucun cas l'Etat ne prend de frais de transport à sa charge.

La faculté de surenchérir s'exerce librement entre toutes les personnes figurant sur la liste, à moins cependant que l'une d'elles ne cherche à se rendre acquéreur d'un nombre de juments excédant celui qu'elle pourrait entretenir.

La vente a lieu sous les conditions en usage pour les chevaux « de réforme », sauf que l'acquéreur se voit imposer l'obligation de faire saillir la jument qu'il achète, par un étalon de l'administration des haras, ou par un étalon approuvé ou autorisé. L'éleveur dispose librement

1. Instruction du 23 mars 1897 ; *Revue des Haras*, juin 1897, page 63.

des produits obtenus sans être en aucune façon tenu de les réserver pour la remonte.

Tout possesseur d'une poulinière acquise dans ces conditions serait rayé de la liste des admissibles à l'adjudication, s'il était prouvé qu'il ne l'a pas fait saillir au plus tard dans l'année qui a suivi l'acquisition.

3º Achat et vente des chevaux reproducteurs.

L'achat par l'Etat des étalons de ses haras s'opère d'une façon générale comme celui des chevaux d'armes, au moyen de commissions d'achat, composées de trois membres, inspecteurs des haras, qui font des tournées dans les principaux centres d'élevage.

Ce qu'il y a de particulier, c'est que les tournées sont moins longues les achats étant moins nombreux, les conditions exigées des chevaux plus rigoureuses et les prix plus élevés.

Les tournées des commissions ont une importance très grande dans le monde de l'élevage, à cause du débouché rémunérateur qu'elles offrent aux propriétaires, et de l'influence qu'exercent les nouvelles recrues sur la prochaine campagne de monte.

Les étalons de pur sang anglais sont achetés aux réunions de Paris et de Chantilly ; ceux de demi-sang, à celles de Caen, Rochefort, Landerneau et Limoges ; ceux de trait, à ces deux dernières réunions. Quant aux achats d'étalons anglo-arabes, ils se font surtout à Toulouse.

Quelquefois, des missions spéciales sont envoyées à l'étranger faire des achats dans l'intérêt de l'agriculture nationale.

Les chevaux ne peuvent être présentés à la commission d'achat que sous diverses conditions.

Le propriétaire déclare l'origine de ses produits et établit un relevé de leurs performances. Les chevaux de robe grise ne sont pas admis.

Tout cheval déclaré doit figurer au Stud-Book français (1). S'il a été importé de l'étranger, le propriétaire fournit, à l'appui de sa déclaration, les pièces exigées en vue de l'inscription régulière du cheval au Stud Book.

Hors le cas d'acquisition faite à l'étranger, aucun étalon de pur sang ou de demi-sang ne peut être acheté s'il n'a subi une épreuve sur l'hippodrome. Il y a un record minimum de vitesse (2) exigé pour les chevaux présentés aux achats.

Indépendamment de ces épreuves, la présentation elle-

1. Voir Ordonnance du 3 mars 1833 ; Arrêtés des 5 juillet 1884 et 10 juin 1890 ; Dalloz, *Lois administratives*, III, p. 157.

2. Ce record est fixé ainsi qu'il suit :

Pour les étalons trotteurs :

à 3 ans,	1 kilomètre en 1″46″ ou 4 kil. en 7′44″			
à 4 ans,	id.	1′43″	id.	6′54″
à 5 ans et au-dessus,	id.	1′40″	id.	6′40″

Pour les chevaux de demi-sang qualifiés anglo-arabes de 3 ans,

même se fait presque toujours de la même manière. Le cheval est présenté monté devant la commission qui en fait le tour attentivement. Puis ordre est donné de le faire marcher au pas. Il parcourt ainsi cinquante mètres environ et revient. Ensuite, il est mis au trot et part à main gauche. Après deux tours, il se replace devant la commission. Le cavalier descend et le cheval est dessanglé. Il est toisé, présenté en main, au pas, au trot et finalement placé en tableau devant le comité qui peut ainsi mieux juger de sa silhouette.

Les crédits alloués par le budget (1) ne peuvent être dépassés ; mais dans la limite de ces crédits, le prix d'achat, loin d'être uniforme, varie souvent d'un cheval à l'autre avec des écarts considérables. Il est de l'intérêt de l'élevage national que l'Etat destine et assure à la reproduction les meilleurs sujets, à quelque prix que ce soit.

Le paiement se fait comme celui des chevaux d'armes.

Les étalons acquis sont dirigés sur certains dépôts où ils sont mis en observation et examinés à nouveau pendant quelques jours au point de vue de la respiration,

4 ans et au-dessus, le record est de 1′4″ le kilomètre ou 6′ les 4.000 mètres.

Pour les chevaux ayant couru attelés, la vitesse exigée est de 4″ moins grande que celle exigée pour les chevaux montés.

1. Il est alloué par la loi du budget 1.250.000 francs par an pour la remonte des haras. Les frais de tournées sont de 145.000 francs, et le traitement du personnel des haras est de 350.000 francs.

des yeux, des vices rédhibitoires et des aptitudes à la reproduction. L'administration des haras a la faculté de renvoyer sans indemnité, après quinzaine, les produits qu'elle ne trouve pas irréprochables.

La réforme des étalons est une attribution des inspecteurs des haras. Elle est prononcée après une étude de l'animal, de sa campagne de monte, et surtout de l'appréciation de ses produits. En réalité, ce sont les directeurs de dépôt qui établissent les propositions de réforme ; elles sont rarement modifiées par les chefs. Établies à l'issue de la monte, leur solution est généralement connue peu de temps après.

La vente est faite par la direction des domaines qui se concerte avec les directeurs de dépôt pour en fixer la date et les conditions.

Les étalons réformés ne sont vendus qu'après castration. Jugés inaptes à l'amélioration de la race ou mauvais reproducteurs, on ne veut pas qu'ils enlèvent quelques saillies aux bons étalons.

La raison est excellente, mais la mesure paraît fâcheuse. Au moment de la vente, la castration est ordinairement récente ; les acheteurs redoutent les suites de l'opération ; aussi ne font-ils guère monter les enchères, au détriment du Trésor qui éprouve une perte. Ne vaudrait-il pas mieux vendre les chevaux entiers, et pour empêcher qu'ils ne soient, par les acheteurs, livrés à la reproduction, les flétrir, lors de la vente, d'un stigmate spécial, indicatif de l'interdiction, sous la sanction prévue par la loi du 14 avril 1885. Les acquéreurs avertis n'oseraient s'exposer sciemment aux pénalités de la loi.

CHAPITRE II

La preuve de la vente d'un cheval se fait d'après les
règles de droit commun. Si elle est constatée par écrit,
l'acte est authentique ou sous seings privés. A défaut d'é-
crit, la preuve se fait par tous moyens, notamment la
preuve testimoniale, l'aveu et le serment.

Si la vente est commerciale la preuve par témoins est
toujours admissible, car aucune disposition législative ne
la prohibe en cette matière.

Il en est de même si la vente est civile et que le prix
ne dépasse pas 150 francs. Au-dessus de ce chiffre cette
preuve n'est recevable qu'autant qu'il existe un commencement de preuve par écrit, ou qu'il n'a pas été possible
aux parties de se procurer une épreuve écrite du contrat,
art. 1348, C. civ.

Dans les foires et marchés, dans ces endroits où les
transactions s'opèrent en plein air et très rapidement, y
a-t-il pour les contractants impossibilité de rédiger un

écrit ? Il est certain qu'il y a à cela une grande difficulté ; Il est certain aussi qu'il n'y a aucune impossibilité physique ou matérielle.

Y a-t-il du moins impossibilité morale ? On le pensait assez généralement dans l'ancien droit (1). Il faut compter en effet avec les habitudes. la multiplicité des transactions et la gêne qu'y apporteraient des mesures trop restrictives.

Dans notre droit, ces raisons n'ont pas cependant été admises. La loi, art. 1348, C. civ., n'établit aucune exception relative aux transactions civiles opérées dans les foires et marchés. Il n'y a pas lieu d'ajouter au texte.

Sur ce point la jurisprudence semble divisée en deux courants : celui des tribunaux de première instance, et celui des Cours d'appel. Les premiers (2) admettent volontiers l'existence d'une impossibilité matérielle rejetée par les secondes (3). Nous nous rangeons à l'avis de ces dernières. En législation, il peut paraître préférable d'admettre la preuve testimoniale dans notre hypothèse ; mais en droit positif il est certain que le Code civil l'a rejetée (4).

1. Pothier, *Traité de la Vente*, n° 788.

2. Motifs du trib. civ. de La Châtre du 5 mai 1841, D. 1843, II, 125, et du trib. civ. de Lorient, 5 juin 1895, D. 1897, II, 52 ; Trib. civ. Coutances. 11 septembre 1865 ; *R. des arrêts*, Caen et Rouen, 1865, Caen, p. 319.

3. Bourges, 23 février 1842 et Caen, 24 novembre 1865, infirmant les jugements de La Châtre et Coutances, précités.

4. Voir également Peuch ; Sur l'admissibilité de la preuve testimoniale, *Revue vétérinaire*, 1882, p. 768.

En fait d'ailleurs, la question n'a guère d'intérêt quoique dans la majorité des cas, les ventes de chevaux soient faites verbalement, entre non commerçants, et pour un prix supérieur à 150 francs, parce qu'elles se font ordinairement au comptant, et que la livraison est immédiate ; l'acheteur a mieux que la preuve testimoniale pour prouver la vente qui lui a été consentie : il invoque la règle : « En fait de meubles, possession vaut « titre ».

L'aveu remplace parfois avantageusement la preuve testimoniale, sur laquelle il l'emporte en rapidité et en clarté.

S'il est simple, portant uniquement sur l'existence du contrat, il est facile de l'interpréter. Mais d'ordinaire il est complexe. Celui qui le fait n'avoue la vente ou l'achat, fait principal, qu'en formulant en même temps diverses restrictions accessoires, telles que l'existence d'un terme ou d'une condition, ou la stipulation d'une clause de non garantie ou de garantie. Or le principal et l'accessoire forment, tantôt un tout inséparable et indivisible, tantôt deux choses distinctes, et susceptibles d'être envisagées isolément. Au premier cas il se présente souvent des difficultés pratiques pour faire la preuve du fait accessoire (1) ; mais en réalité ces difficultés portent uni-

---

1. Voir Alfred Gallier, *De l'indivisibilité de l'aveu en matière de vente d'animaux domestiques* ; A. Conte, *Jurisprudence vétérinaire*, page 50 ; Cass., 20 décembre 1865, D., 1866, 1, 27, et Trib. civ. St-Lô, 23 novembre 1881, rapporté dans Alfred Gallier, p. 26,

quement sur les conditions de la vente ; elle ne concernent pas l'existence du contrat qui au contraire est implicitement contenue dans l'aveu.

En définitive, le plus sûr moyen pour les contractants d'éviter des difficultés et de se mettre à l'abri contre des réclamations intempestives, c'est de rédiger leurs conventions par écrit. Maintenant l'habitude en est fréquente chez les marchands de chevaux. Dans les dépôts de remonte également, la vente est constatée par un certificat délivré par le président du comité d'achat et signé de lui (1). Cette pratique devrait devenir générale.

Nous verrons plus loin l'importance de la clarté et de la précision de ces conventions écrites, lorsque les parties ont stipulé une garantie conventionnelle (2).

loco citato ; Trib. civil, Caen, 15 mai 1895 ; *Recueil de médecine vétérinaire*, 1895, p. 680.

1. Voir modèle, Goubaux et Barrier, page 953.
2. Page 200.

CHAPITRE III

OBLIGATIONS DES PARTIES

Le contrat de vente engendre des obligations à la charge
de chacune des parties ; nous les étudierons en commen-
çant par les obligations de l'acheteur.

I. Obligations de l'acheteur.

L'acheteur est tenu de prendre livraison, de payer le
prix et de rembourser au vendeur les impenses qu'il a
pu faire depuis la vente pour la conservation du cheval.

a) L'obligation de l'acheteur de prendre livraison est
corrélative de celle du vendeur de l'effectuer.

Quand la livraison n'est pas immédiate, elle se fait au
lieu et à l'époque convenus. Si l'acheteur laisse passer le
délai fixé pour le retirement, la résolution du contrat a
lieu de plein droit et sans sommation préalable au profit

du vendeur, art. 1637 C. civ. En fait, celui-ci n'invoque cette disposition, qui s'applique d'ailleurs à la fois en matière commerciale et en matière civile, que s'il y trouve intérêt. L'acheteur n'a évidemment pas le même droit ; sans quoi, il aurait un moyen trop facile d'annuler un contrat qui lui paraîtrait désavantageux, et de se soustraire aux obligations qui lui incombent.

b) A défaut de convention contraire, le paiement du prix a lieu à l'endroit et au moment de la livraison ; faute de paiement, le prix produit des intérêts au taux légal au profit du vendeur ; car le cheval est une valeur frugifère. Mais si le cheval n'a pas été livré en temps utile, ou si la livraison ayant eu lieu, l'acheteur est menacé d'éviction, les intérêts ne sont pas dus.

Ordinairement l'acheteur retient le prix, s'il a de bonnes raisons de craindre voir apparaître chez le cheval, l'un ou l'autre des vices rédhibitoires dont il lui est dû garantie ; mais en droit cette crainte n'autorise nullement l'acheteur à différer le paiement ; il doit donc les intérêts du prix s'il n'obtient pas gain de cause à l'action rédhibitoire.

c) Le remboursement au vendeur des frais par lui faits pour la conservation du cheval se justifie sans difficulté. L'acheteur est propriétaire ; en cette qualité il doit supporter les impenses nécessaires faites sur la chose, par exemple, les frais de traitement d'une maladie survenue accidentellement entre la vente et la livraison.

La sanction de cette obligation consiste dans la faculté

accordée au vendeur d'exercer le droit de rétention jusqu'à ce qu'il soit complètement désintéressé.

II. Obligations du vendeur.

Le vendeur est obligé de livrer le cheval et de garantir l'acheteur contre l'éviction et les vices cachés.

1° *Livraison*.

La livraison, appelée par la loi « délivrance », consiste dans le transport du cheval vendu en la puissance et possession de l'acheteur, article 1604 C. civil.

Elle s'opère de différentes manières : tantôt par une tradition réelle ou remise effective ; c'est ce qui a lieu lorsque le cheval passe des mains du vendeur à celles de l'acheteur ; tantôt par la remise d'un objet qui permet à l'acheteur de se mettre en possession, par exemple lorsque le vendeur remet à l'acheteur les clefs de l'écurie où se trouve le cheval avec l'autorisation de l'y prendre ; tantôt par le simple consentement des parties, par exemple lorsque l'acheteur est déjà en possession à titre de locataire ou détenteur.

Les frais de la délivrance sont à la charge du vendeur ; ceux d'enlèvement à la charge de l'acheteur.

Importance. — Bien que la livraison n'opère pas le transfert de la propriété et ne mette pas le cheval aux risques (1) de l'acheteur, effets qui résultent du contrat de vente lui-même, son importance est néanmoins considérable.

C'est grâce à elle que l'acheteur peut utiliser le cheval, en tirer profit, ou en disposer.

Le jour fixé pour la livraison sert de point de départ au délai fixé pour l'exercice de l'action rédhibitoire (2).

La livraison équivaut pour l'acheteur à un titre de propriété, art. 2.279 C. civ.

En cas de deux ventes successives du même cheval, est propriétaire, celui des acheteurs auquel il a été livré le premier, s'il est de bonne foi, fût-il le second acheteur en date, et la vente fût-elle nulle pour avoir porté sur la chose d'autrui Le second acheteur mis en possession, ne peut être inquiété par le premier, qu'autant qu'il est démontré qu'il avait au moment du contrat, connaissance de la première vente.

La livraison n'est pas toujours opérée au moment convenu. Le retard involontaire, motivé par un empêchement résultant d'un cas fortuit ou de force majeure, n'est certainement pas une cause de résolution de la vente ou d'obtention de dommages-intérêts. Il en est de même du retard légitime, fondé par exemple sur l'arrivée depuis la vente, de la faillite ou de la déconfiture de l'acheteur qui

---

1. Les risques sont à la charge de l'acheteur depuis la conclusion du marché ; Trib. civ. Bar-sur-Seine, 27 juillet 1893 ; *Presse vétérinaire*, 1894, p 302.

2. V. page 130.

ne fournit pas une garantie suffisante, caution ou autre,
du paiement du prix.

Mais quand il est volontaire, occasionné par la négligence du vendeur, le retard donne le droit d'agir en résolution, et de demander des dommages-intérèts, pourvu
que l'acheteur ait subi un préjudice ou qu'il ait été stipulé
une clause de résolution pour le seul fait du retard.
Quand le vendeur a été mis régulièrement en demeure,
le retard volontaire entraîne également, et même à défaut
de toute autre condition, la résolution de la vente.

Etendue. — La livraison comprend la délivrance du
cheval et de ses accessoires.

Le cheval livré doit être celui-là même individuellement
qui a été vendu, et non un autre, à moins que le cheval,
objet du contrat, n'ait été considéré par les parties comme
une chose de genre.

Le cheval est livré dans l'état où il se trouvait lors de
la vente, et tel que l'ont laissé les améliorations ou détériorations, qui se sont produites depuis indépendamment
du fait ou de la faute du vendeur, avec les produits qu'il
aurait pu donner, si c'est une jument, depuis la convention.

Ordinairement le cheval est vendu isolément, sans les
accessoires qui servent à le monter ou à le harnacher ;
mais quand ces accessoires sont compris dans la vente,
ou lorsque, le cheval est exposé en vente, revêtu de ses
harnais, ceux-ci doivent être délivrés en même temps que

l'animal. C'était déjà la solution romaine : « *Qui jumenta vendunt...*, *optime ornata vendendi causâ*, *ita emptoribus tradentur*. » Ulpien, Loi 38. Dig. *De aedil. ed.* XXI, 1.

Le plus souvent, le seul accessoire compris dans la vente est le licol ou le bridon sans lequel on ne peut conduire l'animal.

Toutefois il y a un accessoire spécial qui a une grande importance; c'est la carte de saillie ou le certificat d'origine.

Cette pièce constitue pour ainsi dire l'acte de naissance du cheval. Lors de la saillie, il est délivré par l'administration des Haras ou le propriétaire de l'étalon une attestation écrite et datée, indiquant le signalement de la jument, le nom et le domicile de son propriétaire et la désignation de l'étalon. Après la naissance du poulain, le propriétaire de la jument en fait la déclaration à l'administration des Haras et au propriétaire de l'étalon auteur de la saillie. Cette déclaration est écrite et revêtue de la signature du déclarant qui est légalisée par le maire. Elle doit être faite dans l'année de la naissance du poulain. Sur le vu de cette pièce, celui qui a délivré la carte de saillie la remplace par un certificat dit d'origine, qui constitue la preuve administrative de l'origine du cheval.

Lorsqu'il le possède, le vendeur doit remettre à l'acheteur le certificat d'origine, « la carte » comme on dit dans le langage courant, et cette carte doit être régulière et utilisable. Il y a là un véritable accessoire qu'il serait frauduleux de la part du vendeur de conserver (1).

Si la carte n'est pas établie comme elle aurait dû l'être, et qu'elle contienne une erreur commise involontairement, l'acheteur ne peut la réclamer que telle qu'elle est. Il ne serait pas admis non plus à demander des dommages-intérêts si la carte contenait une erreur évidente, ou dont il pouvait facilement s'apercevoir par un examen attentif (2).

2° *Garantie.*

La livraison effectuée, le vendeur est encore tenu de procurer à l'acheteur la possession et la jouissance paisibles et utiles du cheval vendu.

Il manque à son obligation, si l'acheteur est évincé ou menacé de l'être, et si le cheval est atteint de vices ou maladies cachées et graves qui le rendent impropre à tout service.

En équité, la garantie pour cause d'éviction est pour le vendeur une obligation beaucoup plus impérieuse que celle des vices cachés. En effet, on ne doit jamais vendre que ce que l'on possède, tandis que, dès lors qu'on est propriétaire, on a le droit de vendre sa chose eût-elle des défauts, pourvu qu'on la vende loyalement et sans fraude.

En droit, il semble bien qu'il en soit de même. Pour l'acheteur, en effet, n'est-il pas plus grave d'être dépos-

1. Caen, 21 mai 1879, *Rec. des Arrêts*, Caen et Rouen, 1879, p.283.
2. Caen, 1ᵉʳ mars 1880, *Rec. des arrêts*, Caen et Rouen, 1880, p. 197.

sédé complètement du cheval qu'il a payé, et de plus rien
avoir du tout en échange de son argent, que d'être trompé
seulement sur la qualité, et d'avoir un cheval vicieux ou
maladif, au lieu d'un qu'il ne croyait pas avoir ces défauts.
Mieux vaut de posséder un outil imparfait que de n'en
avoir aucun.

Cependant il faut faire une remarque. Si l'acheteur est
évincé, il a payé l'indû, et il peut répéter le prix. Il n'en
est pas de même au cas d'existence chez le cheval de défauts cachés ; l'acquéreur est bien propriétaire de l'animal acheté, il n'a pas payé sans cause, et ne peut répéter
le prix. Or le vice peut être tellement grave que le cheval
soit impropre à tout service, et qu'il constitue même une
charge et un danger pour l'acheteur; par conséquent
pour celui-ci il vaudrait mieux être évincé purement et
simplement.

Dès lors la question des vices cachés est aussi intéressante pour l'acheteur que celle de l'éviction. Elle est d'ailleurs toujours actuelle en législation et d'une application pratique constante, elle fera l'objet des chapitres
suivants.

Quant à la garantie d'éviction, dont nous ne dirons que
quelques mots, elle est régie par les articles 1626 et s. du
Code civil.

L'acheteur en possession n'a guère à craindre d'être
évincé. A celui qui l'attaquerait par une action en revendication, et lui demanderait de prouver son droit de propriété, il répondrait en lui opposant le principe de l'arti-

cle 2279, C. civ. Le cheval est un meuble ; or, « en fait
« de meubles, possession vaut titre. »

Voici pourtant deux cas intéressants.

Le cheval est quelquefois immeuble par destination.
Il en est ainsi par exemple lorsqu'il a été livré par un
propriétaire à son fermier ou à son métayer pour le service
de la culture du domaine; ou lorsqu'il sert à l'exploi-
tation des mines et est employé aux travaux infé-
rieurs (1). En ce cas le véritable propriétaire ne peut
invoquer l'art. 2279, fût-il de bonne foi ; il ne triom-
phera à l'action en revendication intentée contre lui que
s'il prouve sa propriété, ou si le demandeur ne fait pas
la preuve de son droit.

Quelquefois aussi, le cheval, objet du contrat, a été
précédemment perdu ou volé. L'acquéreur quoique pres-
crivant instantanément peut, en ce cas, être attaqué en revendication, même s'il est de bonne foi, durant trois années à compter de la perte ou du vol, sauf son recours
contre le vendeur pour se faire restituer le prix et obtenir
des dommages-intérêts.

S'il a acheté le cheval dans une foire ou un marché,
dans une vente publique, chez un maquignon, ou d'une
personne vendant d'autres chevaux quoique n'en faisant
pas habituellement le commerce, il a le droit de demander au revendiquant lui-même le remboursement du prix
qu'il a payé, et de ne se dessaisir qu'après avoir reçu entière satisfaction. En outre, s'il est de bonne foi, et si le

1. Loi 21 avril 1810, art. 8.

fait d'être dessaisi lui fait subir un préjudice, il est en droit de réclamer des dommages-intérêts à son propre vendeur.

L'acquéreur n'est donc pas sans ressource, s'il est évincé. Aussi sa préoccupation, lors de l'achat, n'a-t-elle que rarement pour objet le danger possible d'une éviction ; elle concerne généralement le point de savoir si le cheval est atteint ou non de défauts cachés, vices rédhibitoires ou maladies contagieuses.

CHAPITRE IV

DU CHEVAL ATTEINT DE VICES RÉDHIBITOIRES

Par vices rédhibitoires, on entend un certain nombre
de maladies ou de défauts graves et cachés (1) qui pra-
tiquement rendent le cheval à peu près inutilisable. Lorsque celui-ci est atteint d'un de ces vices au moment de
la vente, il en résulte, en ce qui concerne la validité du
contrat et les obligations des parties, des conséquences
juridiques importantes.Sauf stipulation contraire en effet,
le vendeur doit garantir l'acheteur contre les vices, et
l'acheteur a le droit de demander la résolution de la vente
ou une réduction du prix. L'étude des vices rédhibitoires
est donc inséparable de celle de la vente. Il ne s'agit pas
ici de l'exposer en son entier et d'une façon générale ;
mais il est nécessaire de rechercher tout au moins, quels
sont les vices rédhibitoires dans l'espèce chevaline, et

1. La cécité étant un vice apparent que l'acheteur peut constater lui-même, il ne peut exercer de ce chef l'action rédhibitoire,
Paris, 1er avril 1887, D. 87, II, 256.

quels sont leurs rapports avec le contrat de vente. Cette étude fera l'objet de ce chapitre. Les dispositions légales y seront exposées telles qu'elles résultent des textes, abstraction faite de toutes les dérogations conventionnelles qu'il est loisible aux parties d'y apporter. Ces dernières seront étudiées plus loin au chapitre VI.

§ I. — Nomenclature des vices rédhibitoires dans l'espèce chevaline.

A. — Historique.

En droit romain, l'édit des édiles admettait un grand nombre de vices rédhibitoires. Ainsi étaient considérés comme tels le fait pour un cheval d'avoir la queue coupée (1) ou d'être ombrageux et de faire par peur des écarts ou une fuite dangereuse (2).

Dans l'ancien droit français, la nomenclature des vices rédhibitoires variait avec les coutumes qui offraient à ce point de vue comme à beaucoup d'autres la plus grande diversité (3). Dans l'Ile de France par exemple, étaient rédhibitoires trois vices : l'immobilité, la claudication de

1. Ulpien, loi 8, *Dig. de œdil. edict*, XXI, 1.
2. Paul, loi 43, même titre.
3. Voir tableau récapitulatif des vices rédhibitoires et des délais impartis pour intenter l'action rédhibitoire ; Troplong, *De la Vente*, tome II, p. 19.

vieux mal, et le tic non apercevable à l'usure des dents
Au contraire, la coutume de Normandie, province limi-
trophe, ne connaissait aucun de ces vices rédhibitoires,
et elle en admettait un autre : la courbature. A Douai,
l'habitude de ruer était un vice rédhibitoire. Il en était
autrement tout près, dans le Cambrésis.

En droit commun coutumier, étaient seuls rédhibitoires la morve, la pousse et la courbature, parce que
dans ces trois cas le cheval est impropre à tout service (4). Presque toutes les coutumes mentionnent ces
vices. S'ils étaient considérés comme rédhibitoires,
quoique étant apparents le plus souvent, c'était peut-
être aussi parce que les maquignons ont toujours connu
le secret de les pallier un certain temps; or la loi doit
obvier aux fraudes par des dispositions législatives.

Brillon rapporte qu'on agita au Parlement de Paris la
question de savoir si le haut vent est un vice rédhibitoire chez le cheval. La question ne fut pas tranchée car
les parties intéressées au débat judiciaire, après plusieurs
interlocutoires et trois ou quatre rapports d'experts,
abandonnèrent l'instance, ruinées par les dépenses d'un
procès interminable.

Un arrêt du Parlement de Paris du 25 janvier 1781 avait
ajouté aux vices déjà cités comme rédhibitoires le sifflage
ou le cornage, mais ce cas ne fut pas admis partout.

Tous les autres défauts du cheval n'étaient « d'aucune

1. Loysel, *Institutes coutumières*, liv. III, tit. IV, n° 17 ; et Troplong, *loco citato,* page 550 et 551.

« considération et n'empêchaient pas la vente de subsis-
« ter » (1).

Le Code civil avait imposé au vendeur une garantie
beaucoup plus étendue que celle des coutumes. D'après
l'article 1641 en effet, il est dû garantie de tous les
défauts qui rendent la chose vendue impropre au service
auquel on la destine, ou diminuent tellement cet usage
que l'acheteur ne l'aurait pas acquise ou ne l'aurait
payée qu'un moindre prix s'il les avait connus. La déter-
mination des vices rédhibitoires devenait ainsi une
question de fait, dont la solution était variable suivant
les espèces et les circonstances.

L'expérience qui fut faite du Code civil ne tarda pas à
prouver qu'une réforme s'imposait ; elle fut réalisée par
la *loi du 20 mai 1838* qui, tout en créant une législation
uniforme et en abolissant les coutumes et les usages res-
tés en partie en vigueur, a adopté le principe d'une énumération des vices rédhibitoires rigoureusement limitative.

Le même système se retrouve dans la loi *du 2 août
1884* qui n'a apporté à la précédente sur ce point que
les modifications indiquées comme nécessaires par l'expérience et les progrès de la science vétérinaire.

Cette loi toutefois maintenait comme vices rédhibitoires des maladies particulièrement graves que la loi du
21 juillet 1881 sur la police sanitaire des animaux ran-

1. Bourjon, tome I, p. 464, n° 17.

geait déjà parmi les maladies contagieuses. De là il était
résulté des complications inattendues et des procès con-
tinuels.

La loi du 31 juillet 1895 les a fait disparaître en partie
en supprimant de la liste des vices rédhibitoires les
maladies considérées comme contagieuses par la loi
de 1881.

B. — *Enumération de la loi du 31 juillet 1895.*

Actuellement, il existe pour l'espèce chevaline six
vices rédhibitoires. Loi du 31 juillet 1895, article 2.

Ce sont : l'immobilité, l'emphysème pulmonaire, le cornage chronique, le tic proprement dit avec ou sans usure
des dents, les boiteries intermittentes, et la fluxion périodique des yeux.

Les renseignements techniques concernant ces vices et
les maladies contagieuses sont fournis en détail dans les
ouvrages spéciaux sur la matière (1). Aussi ne donne-
rons-nous ici qu'un aperçu général de ces vices pour
faire comprendre seulement leur gravité et les raisons
qui les ont fait mentionner dans la nomenclature légale.

1° *Immobilité.* — Par « immobilité » on désigne un état
particulier et anormal assez bien caractérisé par ce mot
lui-même, et qui résulte d'une cause encore assez

---

1. Manuel de M. Lavenas. Traité de MM. Huzard et Harel. Traité
de MM. Galisset et Mignon : *Nouveau dictionnaire pratique de médecine vétérinaire*, par M. H. Bouley et Reynal.

obscure mais paraissant résider dans une lésion des organes nerveux.

Le cheval qui se trouve dans cet état morbide est indolent, inattentif à ce qui l'entoure et aux commandements du maître. Les mouvements sont comme son corps raides et gênés ; souvent les coups le tirent à peine de son apathie. La marche en ligne droite quoique pénible s'exécute encore, mais l'action de tourner en rond et surtout celle de reculer sont d'une impossibilité absolue.

Cette maladie se reconnaît au maintien extérieur du cheval, à son « facies » stupide, à une certaine conformation de la tête, et à la manière d'exécuter les divers mouvements du corps, surtout ceux de locomotion.

L'immobilité n'est constante, qu'autant que l'impossibilité de reculer est prouvée, et qu'elle ne dépend pas de circonstances étrangères au vice à reconnaître. Pour arriver à cette constatation, il faut un examen attentif, persévérant et entouré de grandes précautions. Les épreuves doivent avoir lieu dans le repos comme dans le travail, à la voiture, à la selle ; elles doivent quelquefois être poussées jusqu'à la fatigue du cheval, de manière à provoquer par tous les moyens possibles, l'apparition des symptômes qui peuvent facilement se dérober à la vue de l'acheteur.

La difficulté de reconnaître ce défaut au moment de la vente, l'a fait ranger à bon droit au nombre des vices rédhibitoires, d'autant plus que souvent l'immobilité se termine par la mort, qui survient dans un délai de cinq

ou six mois chez certains sujets, tandis que chez d'autres,
elle ne se produit qu'après plusieurs années.

2° *Emphysème pulmonaire.* — L'emphysème pulmonaire
est une maladie des poumons, caractérisée par l'infiltra-
tration anormale de l'air dans le tissu cellulaire interlobu-
laire, et par la dilatation exagérée des vésicules bronchi-
ques. A la respiration il se produit un retrait du flanc se
faisant par soubresaut, et une toux spéciale qui n'est
jamais suivie d'ébrouement. L'emphysème est incurable ;
le tissu du poumon s'est déchiré, il ne se cicatrise jamais.

Cette maladie déprécie énormément le cheval qui en
est atteint. En outre, les maquignons ont recours à des
médicaments énergiques pour faire disparaître pendant
quelques jours l'altération du flanc ; la digitale et l'acide
arsénieux en particulier, ont une telle influence sur le
cheval emphysémateux qu'ils lui donnent toutes les apparences de la santé. Il était donc nécessaire d'admettre
cette maladie parmi les vices rédhibitoires. Autrement
l'acheteur se serait vu sacrifier chaque fois qu'il n'eût pu
prouver que la maladie avait été dissimulée par son vendeur, et intenter l'action en rescision pour cause de dol.

L'emphysème était désignée dans la loi de 1838 sous
le nom de pousse ; l'appellation actuelle a été adoptée
par le législateur en 1884 ; l'expérience a démontré en
effet que la pousse n'est pas une maladie véritable, mais
plutôt un symptôme commun à des lésions graves et à des
indispositions légères : les jeunes chevaux par exemple

qui viennent de loin, et qui, payant tribut à leur nouvel acclimatement, se mettent à jeter ou deviennent gourmeux, conservent quelque temps après que le jetage ou la gourme a disparu, les symptômes de la pousse. Plus d'une fois, il est arrivé que des chevaux déclarés poussifs et dont la vente avait été annulée pour cause de vice rédhibitoire, ne présentaient plus quelques jours après, la moindre altération du flanc L'acclimatement avait fait disparaître tout signe de pousse ; c'est donc à juste titre que le mot emphysème pulmonaire a remplacé dans la loi le terme de pousse qui manquait de précision.

Lors de la discussion de la loi du 2 août 1884 à la Chambre des députés, M. Bernard, demanda la suppression de cette maladie comme vice rédhibitoire, en raison des difficutés de sa constatation, et du peu de dépréciation qu'elle occasionne aux animaux chez lesquels elle n'a pas atteint son complet développement. L'amendement qu'il déposa en ce sens ne fut pas pris en considération. Il demanda alors que l'on maintint dans la loi la désignation de pousse inscrite dans la loi de 1838 ; mais le rapporteur, M. Maunoury, combattit avec succès cette proposition, en affirmant que l'existence de l'emphysème ne peut plus être mise en doute lorsque l'on constate chez le cheval un certain nombre de symptômes.

D'ailleurs la constatation de ce groupe minimum de symptômes s'impose pour qu'il y ait vice rédhibitoire ; s'il en manque un ou plusieurs, la maladie n'est pas considérée comme assez grave pour constituer un vice rédhibitoire et donner lieu à l'action de nullité (1).

3° *Cornage chronique.* — Le cornage, encore appelé sifflage, ronflement ou halley, consiste au sens vulgaire du mot dans un bruit particulier, anormal, que certains chevaux font entendre pendant la respiration sous l'influence d'un état morbide des organes respiratoires ou du système nerveux spécial à ces organes.

Ce n'est pas à proprement parler une maladie, c'est un symptôme commun à plusieurs maladies, telles que l'inflammation des voies respiratoires. Tantôt il disparaît avec l'affection aiguë dont il est la conséquence, tantôt, et c'est le cas lorsqu'il provient d'une lésion de l'organe de la respiration ou des organes voisins ou du cerveau, il persiste comme l'affection à laquelle il se trouve lié.

Il y a donc en réalité deux sortes de cornage : le cornage aigu ou temporaire et le cornage chronique. Cette distinction est importante en droit, car le cornage chronique seul constitue un vice rédhibitoire.

La preuve que le cornage est chronique résulte suffisamment de ce qu'on ne peut lui assigner une cause récente ou passagère ; établir en effet que le cornage n'est

---

1. H. Bouley, *Recueil de médecine vétérinaire*, 1884, p. 596, et Galtier, de l'emphysème pulmonaire au point de vue rédhibitoire. *Recueil de médecine vétérinaire*, 1886, p. 23. D'autres auteurs sont d'avis au contraire qu'il y a vice rédhibitoire dès lors qu'il y a emphysème pulmonaire ; peu importerait le degré de la maladie ; A. Conte, *Jurisprudence vétérinaire*, p. 496 et 497.

pas aigu, c'est démontrer qu'il est chronique, puisqu'il ne peut être que l'un ou l'autre.

Le cornage chronique est incurable; le cheval qui en est atteint ne peut fournir qu'un travail de courte durée et peu fatigant. Si le cheval corneur est exercé assez longtemps et véhémentement, la respiration devient de plus en plus gênée et pénible; et si l'on persiste à exiger de lui une course rapide ou un effort considérable; ses forces le délaissent, ses sens l'abandonnent, il chancelle et tombe mort.

Le cornage constaté après la disparition d'une maladie aiguë survenue après la livraison, ou à la suite d'une saignée pratiquée chez l'acheteur, doit-il être considéré comme vice rédhibitoire alors que le cheval était parfaitement sain au moment de la vente ?

Sur ce point, la loi du 31 juillet 1895 n'a pas entendu modifier la loi du 2 août 1884. Or, d'après celle-ci, si le vice fait son apparition et est suivi d'une réclamation en forme dans les délais de garantie, son existence du moment de la vente est tenue pour certaine, et l'action rédhibitoire doit être admise. Toutefois selon nous si le vendeur parvient à faire la preuve, chose difficile, il faut le reconnaître, mais non impossible dans certains cas, que le cheval n'est devenu corneur qu'à la suite d'une maladie contractée postérieurement à la vente, il n'est pas responsable, et il doit malgré les termes de la loi du 2 août 1884 être affranchi de la garantie de ce vice; il triompherait à l'action rédhibitoire intentée contre lui.

4° *Tic proprement dit, avec ou sans usure des dents.* —
Le mot « tic » désigne dans son acception ordinaire tout
mouvement anormal, ridicule, vicieux, dont un être
animé contracte l'habitude. Dans la pensée du législateur,
le tic du cheval admis comme vice rédhibitoire consiste
dans une contraction spasmodique des muscles de l'encolure avec éructation, et généralement rendue manifeste
par l'usure des dents.

La manière de tiquer la plus commune chez le cheval
est la suivante : Le cheval se contourne l'encolure en arc,
il se rapproche le menton du poitrail, et fait entendre au
fond du pharynx un bruit particulier pendant l'action de
manger, soit en appuyant fortement les dents incisives
supérieures sur les corps solides qu'il trouve à sa portée,
même sur les plus durs, soit en serrant avec les deux
mâchoires l'auge, le râtelier, le timon d'une voiture, la
longe du licol, parfois même le sabot du pied ou tout autre
objet qu'il peut saisir. En faisant cela le cheval ouvre un
peu la bouche et laisse tomber plus ou moins de salive
dont la sécrétion est augmentée par cet action de tiquer.

Le tic est plus souvent observé chez les chevaux de luxe
que chez les chevaux de trait.

Les causes de ce vice semblent se trouver dans une
lésion organique et ancienne de l'estomac ou de quelque
autre partie de l'appareil digestif. Le contagion du mauvais exemple en fournit parfois aussi l'explication.

D'ailleurs quelle qu'en soit la cause, il est incontestable que le tic est nuisible au cheval qui l'a contracté,

qu'il rend la digestion imparfaite et difficile et même qu'il peut aller jusqu'à causer la mort de l'animal qu'on voudrait par force empêcher de se livrer à sa mauvaise habitude. Généralement les chevaux tiqueurs maigrissent ; on a expliqué cela en disant que ces chevaux se nourrissent mal, et qu'ils font une grande déperdition de salive, ce qui rend plus difficiles la déglutition et la digestion ; cependant, quoique par une exception assez rare, le tic se rencontre chez des animaux ne présentant aucun trouble digestif et se trouvant dans un bel état d'embonpoint. On le dit moins grave chez les chevaux de sang que chez les chevaux de race commune.

Le législateur de 1838 n'admit ce défaut au nombre des vices rédhibitoires qu'après une vive discussion à la Chambre des Pairs, et encore à la condition qu'il eût lieu sans usure des dents. Il avait estimé que quand il y avait usure des dents, le vice devait être apparent, et ne pouvait pas être rédhibitoire. En réalité l'usure des dents résultant du tic n'est pas toujours facile à discerner même pour les personnes assez expérimentées. Aussi a-t-il été admis en 1884 qu'il y avait lieu de changer la formule de 1838. Le Conseil d'Etat proposait les mots : « tic avec ou sans usure des dents » ; mais cette expression pouvait s'appliquer à tous les tics même à ceux sans gravité : tic de l'ours, tic de manger la terre, de lécher les murs.

Pour préciser davantage, on a adopté la formule actuelle « tic proprement dit avec ou sans usure des dents ».

Dans le langage courant on dit souvent aussi « tic à l'appui » pour le tic avec usure des dents, et « tic en l'air » pour le tic sans usure de dents.

Les mots « tic proprement dit » signifient que sans bruit, il n'y a pas de tic.

C'est à bon droit que ce défaut est un vice rédhibitoire. Certaines influences peuvent, en effet, sinon détruire l'habitude, du moins en suspendre momentanément la manifestation. On ne peut donc reprocher à l'acheteur de n'avoir pas reconnu un vice, qui quoique existant pouvait ne pas être apparent lors du marché. Ainsi il est des chevaux que la présence d'une personne inconnue, d'un animal étranger empêche de tiquer ; d'autres qui ne se livrent pas à cette habitude vicieuse quand ils sont attachés ou quand ils ont un collier, un licol, un bridon ; d'autres encore sur lesquels le changement d'habitation, de mangeoire produit momentanément le même effet.

Si le tic était apparent au moment de la vente ou que l'acheteur, d'après les circonstances, ait pu s'en convaincre, aucune manœuvre dolosive n'étant articulée contre le vendeur, l'action rédhibitoire se serait pas admise (1).

Certains chevaux après avoir mangé l'avoine ont l'habitude d'appuyer leurs lèvres au fond de la mangeoire, en même temps qu'ils déterminent un mouvement d'aspiration ou de pompement. Faut-il voir là un tic rédhibitoire ? C'est l'avis de beaucoup d'auteurs et de praticiens,

1. En ce sens, Cass. civ., 11 novembre 1890. D. 1891, I, 429.

car il y a ingurgitation d'air accompagnée d'une légère contraction de l'encolure. Le rot est simplement remplacé par le bruit d'aspiration.

L'autopsie ne peut pas donner d'indications scientifiques certaines de l'existence du tic. Par conséquent le tic doit être prouvé du vivant de l'animal, à moins que l'acheteur n'établisse que la mort vient du tic. Faute de cette preuve la résiliation de la vente ne serait pas ordonnée (1).

5° *Boiteries intermittentes.* — La boiterie est une irrégularité dans les mouvements de la locomotion ; c'est un manque de rapport et d'harmonie entre les diverses actions locomotrices, qui fait que le cheval, s'appuyant imparfaitement sur un des membres plus long ou plus faible que les autres, marche en inclinant le corps d'un côté. La boiterie est déterminée par une souffrance, aiguë ou sourde, incessante ou passagère, qui dépend elle-même d'un mal souvent apparent, mais quelquefois invisible (2).

La boiterie n'est rédhibitoire qu'autant qu'elle se trouve dans les conditions fixées par la loi.

L'irrégularité locomotive, considérée sous le rapport

1. Trib. civ. Vitré, 29 juillet 1896. *Rec. de méd. vétér.*, 1897, p. 375.

2. Il a été jugé qu'une seule expertise n'est pas suffisante pour vérifier l'existence de la boiterie, et que si l'expert n'a soumis l'animal qu'à une seule épreuve, il y a lieu d'ordonner une nouvelle expertise, la boiterie intermittente ne pouvant être reconnue qu'après plusieurs examens très minutieux ; Nantes, 8 janvier 1898 ; *Rec. de jurispr.*, Nantes, 1898, 1, 158.

de sa manifestation, se présente d'une manière soit continue soit intermittente. Au premier cas, la boiterie est constante ; son existence visible est incessante comme la possibilité de la constater. Au deuxième cas, la boiterie n'existe pas à tout instant, son existence et sa constatation sont momentanées.

Les boiteries permanentes ne sont point et ne pouvaient être rédhibitoires puisqu'elles sont toujours visibles, et qu'en principe la loi a voulu garantir ces vices-là seulement que l'acheteur ne peut pas apercevoir au moment de la vente.

Il n'y avait donc que les boiteries intermittentes qui pussent être classées au nombre des vices rédhibitoires ; elles sont invisibles au moment de la conclusion du contrat, le marchand ne mettant le plus souvent le cheval boiteux en vente que dans la période où ce mal lui donne quelque répit.

Toutes les boiteries intermittentes sont-elles des vices rédhibitoires ?

La loi du 2 août 1884 art. 2 faisait à ce point de vue une distinction : Les boiteries provenant d'un mal récent n'étaient pas garanties, par la raison que le mal pouvait avoir pris naissance depuis la livraison pendant le délai même de garantie, et qu'il eût été en ce cas contraire à l'équité de rendre le vendeur responsable d'un vice dont la cause eût pu naître chez l'acquéreur. Etaient seules garanties les boiteries ayant une cause ancienne, c'est-à-dire antérieure à l'époque de la vente et de la livraison.

L'article 2 de la loi du 2 août 1884 a été remanié par la loi du 31 juillet 1895 (art. 2) qui emploie exactement la désignation de « boiteries intermittentes ». Le mot « anciennes » a disparu du texte. Or il est certain que c'est là une inadvertance, et que l'intention du législateur n'était pas de le supprimer. Le remaniement avait pour but unique de faire disparaître de la loi de 1884, et de retrancher de la nomenclature des vices rédhibitoires, trois maladies seulement, la morve, le farcin et la clavelée (1), tous les autres vices étant maintenus avec leurs formules primitives.

Le mot « anciennes » précédait bien le mot intermittentes dans le texte proposé à l'origine par la commission et voté en première lecture par le Sénat (2). M. Demôle déposa un contre projet, mais accepta cependant l'article 2 sans y faire de modification pour en faire l'article 8 de son contre-projet. Or après la discussion de ce contre-projet (3) le mot « anciennes » n'a pas été reproduit, sans que l'on puisse dire comment s'est faite l'omission. Et après cette discussion, la commission du Sénat a proposé l'adoption de son ancien article 2, mais avec un mot en moins que primitivement. Bref, le mot « anciennes » n'existe plus dans la loi de 1895 (4).

1. Maladie contagieuse de l'espèce ovine.
2. Séance du 28 janvier 1894, *J. Off.*, 29 janvier, p. 30; Doc. parlem. Sénat.
3. *J. Off.* du 25 avril 1894, p. 280 ; du 6 avril 1895, p. 293 ; du 12 juillet 1895, p. 811.
4. *J. Off.*, 2 août 1895, n° 207, p. 4473.

Quelle conclusion tirer de cette omission ? Celle-ci, la seule conforme au texte, et à la rigueur des principes, bien que tout à fait inattendue et imprévue par le législateur, à savoir que depuis la loi de 1895, toutes les boiteries intermittentes, anciennes ou nouvelles, sont des vices rédhibitoires.

L'erreur a été reconnue de bonne heure. Dès 1896, M. Darbot a déposé au Sénat (1) une proposition de loi dont l'un des objets était de rétablir dans la loi le mot « anciennes » disparu. Cette proposition n'a pas encore abouti.

Supposons un cheval atteint d'une boiterie intermittente et due à des défauts anciens ou récents. Ces défauts sont visibles au membre dont boite le cheval, et suffisamment graves pour qu'on puisse les considérer comme cause de la claudication, par exemple, des suros, des formes, des courbes, des éparvins. Faut-il encore accorder à l'acheteur l'action rédhibitoire ou en diminution de prix, si la boiterie ne s'est déclarée qu'après la vente et dans les délais fixés par la loi ? Nous le croyons. On objecte que toutes ces tares sont graves, visibles au moment du marché, que l'acheteur a dû s'attendre à acheter un cheval boiteux, et que pour ces motifs elles ne sauraient être des vices rédhibitoires. Mais en réalité il ne faut pas confondre la cause de la boiterie avec la boiterie elle-

1. Séance du 14 février 1896. Annexe au compte rendu de la séance du Sénat.

même. La cause peut être visible, permanente, sans que la claudication ait les mêmes caractères ; une forme, une courbe peuvent exister sans que pour cela il y ait boiterie ; l'éparvin appelé normand est au contraire une qualité pour le cheval, parce qu'il coïncide paraît-il avec un jarret bien développé. Le législateur n'a pas voulu exiger de l'acheteur des connaissances spéciales sans lesquelles il lui serait impossible de juger par des défauts extérieurs la possibilité d'une boiterie intermittente.

6° Fluxion périodique des yeux. — La fluxion périodique des yeux est une ophtalmie intermittente avec accès subits dont le retour est plus ou moins éloigné selon l'ancienneté de la maladie. Elle est généralement causée par une éruption de sang et d'humeurs dans les yeux. Elle entraîne tôt ou tard la cécité.

La composition du sol est une des causes prédisposantes de cette maladie. Les chevaux élevés dans des pâturages ayant un sol et un sous-sol argileux sont fréquemment atteints de fluxion périodique. Les localités basses, marécageuses, humides, produisant des fourrages très aqueux et peu alibiles, prédisposent également les chevaux qui les habitent à contracter cette maladie.

La fluxion périodique se transmet héréditairement ; c'est un défaut grave, très fréquent et impossible à reconnaître au moment de la vente si l'animal est jeune et se trouve dans une période où le mal ne se fait pas sentir ; il déprécie considérablement le cheval, et mérite d'être une cause de résolution de la vente.

Cependant lors de la révision de la loi de 1838, la commission du Sénat d'accord avec le Conseil d'Etat avait voulu supprimer ce vice de la nomenclature légale à cause de la facilité avec laquelle le mal peut être simulé, et de la difficulté que l'on rencontre à le constater. L'acheteur peut avoir intérêt à rompre le marché, et chercher dans ce but à simuler la fluxion périodique, en agissant, ce qui lui est facile, sur les yeux de façon à les irriter, les enflammer à l'aide de moyens qui ne laisseraient de traces que la maladie elle-même.

Quand la fluxion périodique est parfaitement caractérisée par la série des symptômes qui lui sont propres, une seule attaque suffit pour juger l'affection ; mais, et c'est ce qui se produit surtout chez les jeunes chevaux, si la maladie revêt une forme trompeuse au début qui fait qu'elle ne se distingue nullement d'une maladie ordinaire des yeux, il faut observer au moins deux attaques, qui peuvent ne se produire chacune que dans le délai d'un mois, pour se prononcer sur la périodicité, c'est-à-dire que l'existence du mal ne peut être prouvée qu'au moyen d'une expertise très longue et très dispendieuse. Les vendeurs le savent bien, aussi lorsqu'ils sont actionnés à l'occasion de ce service, font-ils tous leurs efforts pour arriver à une transaction, solution préférable à un procès.

Quelque fondées que soient ces considérations, le législateur les a repoussées ; la fluxion périodique des yeux figure dans la nomenclature légale des vices rédhibitoires ; seulement le délai de garantie est par exception d'une durée plus longue : 30 jours au lieu de 9.

L'énumération de la loi est limitative. — Toutes les maladies ou défauts que nous venons d'étudier sont des vices rédhibitoires. Il n'y en a pas d'autres.

L'énumération de la loi est limitative ; c'est un principe qui remonte à la loi du 20 mai 1838. M. Lherbette le disait dans son rapport à la Chambre des députés :

« Les tribunaux n'auront plus, pour admettre ou re-
« jeter l'action en rédhibition, à examiner l'apparence,
« la gravité, la fréquence, l'incubation, les effets du
« vice allégué ; questions délicates. Est-il, oui ou non,
« compris dans la nomenclature de la loi ? L'action a-t-
« elle été, oui ou non, intentée dans les délais légaux (1)?
« Voilà les seules questions, questions simples, que les
« juges auront à résoudre.» La jurisprudence a toujours proclamé que la nomenclature est limitative (2). D'ailleurs les termes de la loi du 2 août 1884, reproduits par celle du 31 juillet 1895, sont formels : « Sont réputés

1. Voir les délais, pages 127 et s.
2. Trib. comm., Marseille, 21 juillet 1862; Dalloz, *Jurispr. gén.*, Vices rédhibitoires, page 97 ; Cass., 17 avril 1855, D. 1855, I, 176; Caen, 21 juin 1881, conf. jug. du trib. d'Avranches, *R. des arrêts*, Caen et Rouen, 1881, page 205.

« vices rédhibitoires et donneront *seuls* ouverture aux
« actions .. les maladies ou défauts ci-après... » L'article
est restrictif ; il faut l'interpréter à la lettre.

De ce que l'énumération est limitative. il résulte cette
conséquence que les tribunaux, prononçant la résolution
de la vente d'un cheval parce qu'il est atteint d'un vice
rédhibitoire, doivent, pour justifier leur décision, indiquer expressément le vice sur lequel ils s'appuient ; autrement, leur jugement serait entaché de nullité (1).

Enumération limitative ne signifie pas d'ailleurs énumération exclusive. L'art. 2 de la loi du 2 août 1884 ne
s'applique qu'à défaut de conventions contraires. Les
parties sont libres d'étendre la garantie à d'autres vices ;
à l'inverse, elles peuvent convenir que le vendeur ne sera
tenu d'aucune garantie (2). Il y a des ventes, celles faites
par autorité de justice ou dont le prix ne dépasse pas
cent francs, dans lesquelles la garantie n'est pas due.

L'énumération a un caractère législatif. — La nomenclature a un caractère législatif : inscrite dans un texte
de loi, elle ne peut être modifiée que par une loi.

Ne serait-il pas préférable qu'elle pût l'être par un
simple règlement d'administration publique ?

C'était l'opinion, en 1838, du baron Monnier qui pro-
posa alors de renvoyer à un règlement de cette nature

---

1. Cass., 7 avril 1846, D. 46, 1, 212.
2. Voir Garantie conventionnelle, chapitre VI.

non seulement les modifications à apporter à la nomenclature des vices rédhibitoires, mais encore l'établissement même de la liste (1). M. Guillouard trouve également l'intervention législative en cette matière de pure forme et trop lente (2). A ceux qui lui objectent qu'une loi seule peut modifier une loi préexistante, il répond qu'aucun principe de droit ne s'oppose à la modification de la liste légale par voie réglementaire, le pouvoir législatif ayant toujours le droit de déléguer à l'administration le soin de faire un règlement qui s'incorpore à la loi. La loi belge du 28 janvier 1850 a adopté ce système.

A notre avis, il n'y a pas lieu d'enlever à la nomenclature des vices rédhibitoires son caractère législatif, et d'autoriser la revision par voie réglementaire d'une disposition qui est le fondement même de la loi du 2 août 1884. Ce serait déroger aux principes généraux que de déterminer les rapports privés des citoyens entre eux, la portée et les conséquences d'un contrat, autrement que par une loi ; aucune raison ne justifierait cette dérogation, comme il en existe une, par exemple, pour la désignation par voie réglementaire des maladies contagieuses des animaux, celle de la salubrité publique et de la préservation du pays contre un fléau. Ces raisons furent développées devant le Parlement en 1838 par M. Martin du Nord, alors ministre de l'agriculture, et en 1884 par

1. Séance du 10 février 1838.
2. Guillouard, *Traité de la Vente*, tome II, n° 491.

M. Labiche au Sénat et M. Maunoury à la Chambre des Députés. Elles ont obtenu gain de cause.

En fait l'énumération légale n'est pas immuable. Basée sur les indications techniques fournies par la médecine vétérinaire, elle varie au gré des découvertes et des progrès incessants de cette science.

En ce siècle, le législateur l'a plusieurs fois remaniée avec une tendance marquée à la diminuer de plus en plus.

Le Code civil n'imposait aucune limite et se bornait à exiger diverses conditions pour que le vice fût rédhibitoire. La loi du 20 mai 1838 n'avait plus admis que onze vices rédhibitoires seulement. Sur ce nombre, trois ont été retranchés par la loi du 2 août 1884 : l'épilepsie, les vieilles courbatures et les hernies inguinales ; et deux autres par la loi du 31 juillet 1895 : la morve et le farcin (1).

Nous savons la cause de la suppression de ces deux dernières maladies (2) ; celle des trois autres est différente.

L'épilepsie ou mal caduc est une maladie du système nerveux à accès intermittents, caractérisée par la perte de la sensibilité, avec chute et convulsions. Les crises durent de quelques secondes à plusieurs minutes. Elles sont suivies d'un état passager de stupeur qui disparaît lui-même au bout de quelques instants ne laissant après

1. Voir pages 173 et 174.
2. Page 95.

lui aucune trace de désordre. Or cette maladie est rare et d'une constatation très difficile, presque impossible à cause de la durée limitée des accès. Voilà pourquoi on l'a rayée du nombre des vices rédhibitoires ; d'ailleurs elle donnait rarement lieu à des procès.

Les vieilles courbatures ou maladies anciennes de poitrine sont des affections chroniques des poumons et des plèvres. Leurs symptômes ne sont saisissables que lorsqu'elles ont une certaine gravité, et il est difficile, pendant la vie du cheval et même à l'autopsie, de les distinguer des maladies récentes ou aiguës de même nature ; de là vient leur suppression comme vice rédhibitoire.

Quant aux hernies inguinales intermittentes, ce sont des maladies également difficiles à constater, et, en outre, rares. Elles n'avaient jamais été considérées comme vice rédhibitoire avant la loi de 1838, et elles furent introduites dans cette loi malgré l'opposition du rapporteur. Leur suppression était déjà demandée en 1858 par la Société centrale de médecine vétérinaire. Elle n'a été définitive qu'en 1884.

C. — Des vices moraux.

Il est à remarquer que les vices rédhibitoires compris dans la nomenclature légale, et ceux qui en ont été retranchés, sont tous des défauts ou maladies physiques, et qu'elle ne mentionne aucun des vices moraux pourtant si fréquents chez le cheval.

Les vices moraux les plus graves sont :

La méchanceté, caractérisée par l'habitude de mordre, de ruer et de frapper ;

La rétivité, caractérisée par l'habitude de l'animal de se refuser à se laisser ferrer, harnacher ou employer au service auquel sa conformation le rend propre ;

Et la timidité ombrageuse, distincte de la méchanceté quoique trop souvent confondue avec elle dans le langage courant, qui est caractérisée par la peur que ressent le cheval, à la vue d'objets ignorés de lui, ou à l'audition de bruits anormaux, et par l'emballement que cette peur occasionne.

Le silence de la loi, en ce qui concerne les vices moraux, n'est pas la conséquence d'un oubli du législateur : il est volontaire. On a proposé souvent d'introduire ces vices dans l'énumération légale, principalement les deux premiers.

Le projet présenté par le Gouvernement en 1838 les y avait mentionnés, et les trois écoles vétérinaires d'Alfort, Lyon et Toulouse consultées à ce sujet, avaient approuvé le projet de loi. Mais M. Lherbette s'y montra hostile, et ce fut son opinion qui l'emporta (1).

---

1. M. Lherbette eut, dit-on, l'occasion de regretter cette disposition ; car peu après le vote de la loi il acheta un cheval si méchant qu'il ne put le dompter, et qu'il fut obligé de le revendre à perte, n'ayant aucun moyen de faire résoudre son contrat.

Lors de la discussion de la loi du 2 août 1884, un amendement présenté par M. Bernard, retiré par son auteur, puis repris par M. Rauline, tendait également à l'inscription de la méchanceté parmi les vices rédhibitoires ; il fut repoussé, bien que d'après les déclarations des auteurs de l'amendement, la méchanceté ne dût être rédhibitoire qu'à la condition d'être reconnue habituelle et notoire.

C'est donc un point acquis : les vices moraux ne sont pas rédhibitoires (1). Et il semble que si la question était à nouveau soulevée devant les Chambres, la solution ne serait pas modifiée.

Y a-t-il lieu de le regretter ? Et quelles raisons peuvent être invoquées pour ou contre le système de la loi?

Pour l'admission des vices moraux comme rédhibitoires, on invoque leur gravité et leur fréquence. Ils sont moins rares qu'on ne le croirait de prime abord ; incurables et faciles à dissimuler, ils exposent non pas seulement la vie de l'animal, mais encore celle des hommes : il en résulte pour le propriétaire un danger considérable, car il se trouve exposé à des responsabilités sans limite.

En réalité, la méchanceté est si bien un vice que c'est aux chevaux qui en sont atteints, qu'on réserve dans le langage ordinaire la qualification si caractéristique de chevaux vicieux.

En outre, l'éleveur doit répondre des défauts graves de ses animaux domestiques, parce qu'ils proviennent pres-

1. Seine, 28 février 1888, D. 1888, V, 272.

que toujours de son fait et de son impéritie. Le meilleur moyen d'intéresser les propriétaires à user de douceur envers leurs chevaux, est de déclarer rédhibitoire le défaut causé par leurs brutalités ou l'emploi inintelligent de la violence.

Pour défendre le système de la loi, on fait valoir que ces vices sont d'une désignation nécessairement vague et incertaine, et d'une constatation arbitraire. Où commence et où finit la méchanceté? La rétivité est plus difficile encore à constater, car elle est un vice relatif et non absolu ; elle existe ou non selon le service auquel le cheval est destiné. Or qui sera juge de cette destination ? Ce ne peut être ni le vendeur, ni un expert, car ils ignorent les vues et les intentions de l'acquéreur. Et si c'est ce dernier, il pourra toujours prétendre qu'il destinait le cheval précisément au service dans lequel la rétivité se manifeste.

En outre, les vices moraux cèdent presque toujours à la douceur. Un cheval peut avoir été très doux chez le vendeur, et une circonstance insignifiante le rendre méchant chez l'acheteur. Celui-ci aurait en brutalisant le cheval et en le rendant vicieux un moyen trop commode de rompre un marché qui ne lui convient plus.

Ces dernières raisons sont à notre avis les meilleures. Aussi approuvons-nous le législateur de n'avoir pas inscrit les vices moraux, malgré leur fréquence et leur gravité qui sont indéniables, dans la nomenclature des vices rédhibitoires.

Dans certains pays étrangers, il est vrai, la législation est sur ce point contraire à la nôtre ; ainsi notamment en Portugal, en Espagne, et dans divers États de l'Allemagne.

Il est suffisant que la législation française ne laisse pas l'acquéreur d'un cheval méchant ou rétif sans aucune ressource. Or, s'il ne peut pas intenter l'action rédhibitoire et invoquer le bénéfice de la présomption légale en ce qui concerne la preuve du vice, il a deux autres moyens à sa disposition.

Le premier, qui est préférable et préventif, consiste à stipuler du vendeur une garantie conventionnelle. C'est ce qui se fait dans les ventes de chevaux pour l'armée, dans lesquelles il est d'usage que la méchanceté soit une cause de rédhibition. Les chevaux d'armes, d'ailleurs, qui sont devenus ultérieurement inutilisables à raison de ce vice sont mis en réforme depuis une récente circulaire du ministre de la guerre et vendus avec l'indication de leur vice (1). De même la compagnie générale des omnibus à Paris rend, dans la quinzaine qui suit la réception, les chevaux méchants qui lui ont été livrés, soit une proportion de 15 chevaux environ sur 1000 achats. En agissant autrement elle s'exposerait à payer de très grosses indemnités à raison des responsabilités, pour cause d'accidents, qui lui incombent.

Le deuxième moyen consiste dans le droit pour l'ache-

---

1. Les chevaux simplement irritables continuent à être envoyés à l'école de dressage de Saumur.

teur d'intenter l'action de dol (1) ; mais il a l'inconvénient d'obliger le demandeur à faire la preuve de la mauvaise foi du vendeur, obligation assez lourde quoiqu'en pratique la jurisprudence se montre assez facile (2), et il n'aboutit qu'à l'obtention de dommages-intérêts : la vente, loin d'être résolue, se trouve implicitement confirmée.

Un auteur (3) a prétendu que le cheval, par cela seul qu'il était dangereux, était frappé d'une sorte d'interdiction et mis hors du commerce, et que la vente qui en serait faite est nulle à cause de l'article 1109 du code civil. L'acheteur n'a pas entendu acheter un cheval vicieux ; il n'a donc pas donné son consentement. Le contrat est nul ; il lui manque un des éléments essentiels à sa validité. Ce raisonnement ne nous convainc pas. Le consentement de l'acquéreur est manifeste; c'est bien le cheval vicieux, et non un autre qu'il a entendu acquérir ; si l'animal n'a pas les qualités qu'il lui croyait, peu importe; l'erreur sur les qualités n'est pas un vice du consentement. Admettre l'opinion contraire serait, d'une façon détournée, faire de la méchanceté un vice rédhibitoire ; et c'est ce que le législateur a voulu éviter (4).

1. Seine, 14 novembre 1896 ; *Journal des trib. de commerce*, 1898, p. 169.
2. Paris, S. 1874, I, 248.
3. M. Garnier, *Rec. de méd. vétérinaire*, 1877, p. 703.
4. Voir Trib.civ., Seine, 14 février 1894, *Presse vétérinaire*, 1894, p. 156 ; Seine, 28 février 1888, D. 1888, V, p. 273.

§ 2. — **Rapports des vices rédhibitoires et de la vente.**

Ce fait que le cheval vendu est atteint d'un vice rédhibitoire exerce sur le sort du contrat de vente une notable influence. Il ne faut pas s'en étonner : En principe le vendeur est garant des vices cachés ; dès lors l'acheteur a légitimement le droit de compter que le cheval n'est pas atteint de ces vices, et qu'il lui rendra quelques services : or il est inutilisable.

Pour se protéger l'acheteur a deux moyens. Il peut : soit demander la résolution pure et simple du contrat par l'exercice d'une action dite rédhibitoire ; soit exiger seulement une diminution du prix d'achat par l'action en réduction de prix. Il a le choix entre ces deux moyens ; lui seul est juge de la question de savoir lequel sauvegarde le mieux ses intérêts. Mais il ne les a pas tous les deux à la fois ou successivement ; il doit opter ; son droit d'agir s'épuise lorsqu'il s'est concrétisé dans l'exercice de l'une ou l'autre de ces deux actions.

Ces règles sont inapplicables, et l'acheteur n'a le droit d'intenter ni l'une ni l'autre de ces actions lorsqu'il s'agit d'une vente dans laquelle le vendeur est par exception dispensé de la garantie.

Nous étudierons dans trois sections différentes : les ventes dans lesquelles le vendeur n'est pas tenu de la garantie des vices rédhibitoires, l'action rédhibitoire, et l'action en réduction de prix.

Section I. — Ventes dans lesquelles le vendeur n'est pas garant des vices cachés.

D'après la loi, le vendeur est dispensé de la garantie des vices rédhibitoires dans deux cas : lorsque la vente est faite par autorité de justice, et lorsque le prix n'excède pas cent francs.

1° Ventes par autorité de justice.

Que l'action résultant des vices rédhibitoires n'ait pas lieu dans les ventes faites par autorité de justice, c'est là une application pure et simple du principe général formulé par l'article 1549 du Code civil, auquel il est certain que la loi du 2 août 1884 n'a pas entendu déroger.

On a donné de cette disposition beaucoup d'explications. Merlin la justifiait par ce motif que la justice n'est jamais présumée avoir voulu tromper personne. D'après le tribun Faure, ces ventes sont accompagnées de formalités et de vérifications qui ne permettent pas de craindre la fraude des vendeurs et l'ignorance des acheteurs. Les frais de ces ventes, dit encore Troplong, sont toujours fort élevés, et la chose est adjugée moins que sa valeur réelle; elles ne sont praticables qu'autant que les intéressés peuvent compter sur la fixité du résultat. Il nous semble que le véritable motif est celui indiqué par Domat ; en présence du rôle particulier que joue la justice dans cette vente, l'objet vendu, le cheval, dans l'espèce, doit nécessairement être réputé vendu tel quel, c'est-à-dire sans garantie des vices.

Les ventes par autorité de justice sont celles qui, ordonnées par la loi ou par jugement, ne peuvent avoir lieu qu'aux enchères publiques, en employant les formalités prescrites par la loi ; tel est le cas des ventes judiciaires forcées à la suite de saisie, faillite, etc... Par conséquent, ne rentrent pas dans cette catégorie les ventes volontaires, faites du libre choix des parties par un officier public dans la forme des ventes judiciaires, car la forme n'en est pas imposée, et elles ne reçoivent pas une publicité suffisante puisque les parties n'emploient que celle qu'elles jugent à propos d'effectuer (1).

Dans les ventes de chevaux de l'armée réformés, l'Etat ne garantit pas les vices rédhibitoires ; ce n'est pas parce que ces ventes ont lieu par autorité de justice, ce serait une erreur de le dire, c'est en vertu d'une convention tacite. Dans les affiches apposées pour informer le public, il est déclaré que la garantie légale due par l'Etat n'est maintenue que pour la morve et le farcin.

2° Ventes dont le prix ne dépasse pas 100 francs.

Le législateur a admis cette deuxième dérogation au

1. Voir Cass., 6 mars 1877, *Journal de médecine vétérinaire*, 1877, p. 154.

principe de la garantie légale des vices cachés, par crainte de multiplier les procès. Il a voulu « mettre obstacle à « l'introduction d'instances judiciaires dont l'intérêt ne « justifierait pas les frais. »

Cette disposition n'existait pas dans la loi de 1838. Elle fut réclamée par le congrès national des vétérinaires de France réuni à Paris en septembre 1880. Lors de la discussion de la loi du 2 août 1884, elle fut vivement combattue à la Chambre des Députés par M. Bovier-Lapierre, et cependant consacrée législativement, art. 4, L. du 2 août 1884.

La limite de cent francs a été choisie parce que cette somme est le chiffre maximum de la compétence en dernier ressort des juges de paix.

L'exception de l'article 4 ne se justifie pas. Le fondement sur lequel elle repose n'est pas suffisant pour supprimer une garantie qui est de règle dans le contrat de vente. Il eût été plus rationnel, de considérer que les intérêts de peu d'importance doivent être entourés des mêmes protections que les autres, et plus juridique, de ne pas établir de distinction entre deux contrats de même nature qui ne diffèrent que par la valeur de leur objet. Mieux valait laisser à l'acheteur intéressé le soin d'apprécier ce qu'il convient de faire ; si l'existence du vice est manifeste, l'empêcher d'intenter l'action rédhibitoire aboutit à léser ses intérêts.

Il est vrai que l'exception de l'article 4 s'applique rarement en matière de vente de chevaux ; leur prix dépasse ordinairement cent francs, contrairement à ce qui a lieu pour les autres espèces d'animaux indiquées dans la loi du 2 août 1884. En outre, l'acheteur a la ressource de stipuler une garantie conventionnelle ; mais il l'oubliera souvent, précisément parce que l'objet est de valeur minime et ne vaut pas la peine de retenir l'attention.

Lorsqu'il s'agit d'une vente, le prix étant toujours indiqué, puisqu'il n'y a pas de vente sans prix, il n'y a aucune difficulté de savoir si l'article 4 est applicable et si la garantie est due ou non. Il en est autrement en cas d'échange. Ce contrat ne suppose l'indication d'aucun prix ; il mentionne seulement la valeur des objets échangés. Si le cheval échangé n'a pas été estimé, l'échangiste assigné en rédhibition peut objecter que la valeur de l'animal ne dépasse pas cent francs. C'est là une question préjudicielle qui doit d'abord être résolue par le tribunal de première instance, la valeur de la demande étant indéterminée ; ce n'est qu'ensuite que le juge statuera au fond. C'est là une cause de frais et de longueurs que l'on aurait évités en indiquant dans le contrat d'échange la valeur des chevaux échangés.

Article 11. Loi du 2 août 1884. — Avant la loi du 31 juillet 1895, alors que la morve et le farcin étaient encore considérés comme des vices rédhibitoires, il y avait un troisième cas dans lequel le vendeur était dispensé de la garantie de ces deux maladies : c'était celui où il était prouvé que l'animal avait été, depuis la livraison, mis en

contact avec des animaux morveux ou farcineux, art. 11.
Loi du 2 août 1884.

La preuve incombait au vendeur ; si elle était faite, il
en résultait pour l'acheteur une déchéance du droit d'a-
gir en rédhibition à raison de l'existence de ces deux
maladies. Son droit demeurait entier d'intenter l'action à
raison des autres vices. Quant au contact lui-même, certains auteurs exigeaient qu'il fût immédiat, d'autres trou-
vaient suffisant un contact médiat.

L'article 11 existe toujours, mais il est inutile. Aujour-
d'hui la morve et le farcin mettent le cheval hors du
commerce, et rendent sa vente nulle de plein droit (1) ;
donc le seul fait par un propriétaire de vendre son cheval implique toujours et nécessairement, de sa part,
garantie de ces maladies.Il n'importe plus que, depuis la
vente, le cheval ait été mis en contact ou non avec des
animaux suspects ; le contact a seulement pour effet de
rendre plus difficile la preuve, imposée à l'acquéreur, de
l'existence de la maladie au moment de la vente.

La réforme opérée par la loi du 31 juillet 1895 a implicitement abrogé l'article 11. Il eût été plus logique de s'en
expliquer et de le supprimer complètement.

1. Voir page 180.

Section II. — De l'action rédhibitoire.

Quand le cheval est atteint d'un vice à raison duquel il a droit à garantie, l'acquéreur intente le plus souvent l'action rédhibitoire. Cette action paraît indiquer, en effet, chez le demandeur moins d'esprit de marchandage et de chicane que celle en réduction de prix ; elle a, en outre, sur celle-ci le grand avantage de procurer aux deux parties une satisfaction plus complète, en remettant les choses dans l'état où elles étaient avant le contrat.

Un des principaux caractères de ces actions consiste en ce qu'elles sont soumises à de rigoureuses conditions de recevabilité. Nous les étudierons d'abord, pour voir ensuite, comment se fait la preuve du vice rédhibitoire, et quelles sont les règles de compétence et de procédure, et les effets de l'action rédhibitoire.

1° *Conditions de recevabilité.*

L'acquéreur est obligé, à peine de voir son action repoussée comme non recevable, et sans être examinée au fond, de « se mettre en règle » en accomplissant diverses formalités, savoir : intenter l'action dans un court délai, provoquer dans le même délai la nomination d'experts, et, sauf dispense, appeler son vendeur à l'expertise.

1° Intenter l'action dans un court délai.

« Le délai pour intenter l'action rédhibitoire sera de
« neuf jours francs, non compris le jour fixé pour la livrai-
« son, excepté pour la fluxion périodique, pour laquelle
« ce délai sera de trente jours francs, non compris le
« jour fixé pour la livraison ». art. 5. L. du 2 août 1884.

Intenter l'action, c'est lancer l'assignation.

A la différence du jugement à intervenir (1), il n'est
pas nécessaire que l'assignation mentionne expressément
le vice allégué : il suffit qu'elle indique que l'action est
fondée sur l'existence d'un vice rédhibitoire. C'est la
solution de la jurisprudence, et elle est rationnelle ; le
demandeur n'est guère certain de l'existence du vice
qu'après l'expertise.

Cette première obligation du demandeur est complètement indépendante de celle de provoquer dans le même
délai la nomination des experts.

Ce qui peut faire naître un doute à ce sujet, c'est la
rédaction de l'article 7. L. 1884. « Quel que soit le délai
« pour intenter l'action, l'acheteur, à peine d'être non
« recevable, devra provoquer la nomination d'experts... »
Avec ce texte reproduit de la loi de 1838, on a fait le raisonnement suivant : si l'action n'est pas recevable quand
la nomination des experts n'a pas été provoquée dans le
délai, c'est donc que la demande est recevable dès lors

1. Voir page 111.
2. Cass., 11 novembre 1846 ; S. 1847, I, 42.

que cette nomination a été provoquée en temps utile ; par conséquent, il n'est pas nécessaire, à peine de non recevabilité, d'intenter l'action dans le délai prescrit. Telle avait d'abord été la solution admise par la jurisprudence sous l'empire de la loi de 1838 (1).

D'ailleurs, dit-on, rien n'est plus logique. L'acheteur ignore souvent avant l'expiration du délai, si le vice rédhibitoire soupçonné existe certainement, puisque l'expert peut rédiger son rapport après le délai. Pourquoi l'obliger à intenter l'action de suite ? Il n'y a aucun intérêt. Ce n'est pas non plus l'intérêt du vendeur pour lequel il vaut mieux que l'assignation ne soit pas lancée à tout hasard.

Enfin, pourquoi être plus exigeant que la loi ? L'art. 5 ne prononce pas la sanction de la non-recevabilité pour le cas de retard à intenter l'action, comme le fait l'art. 7 pour la deuxième obligation de l'acheteur.

En réalité l'argument *a contrario* tiré de l'article 7 n'a aucune valeur. Il n'y a rien d'inconciliable entre les deux dispositions impératives et distinctes de la loi, celle de l'article 5 et celle de l'article 7 ; or, la première est formelle, et elle n'est pas détruite par la seconde ; elle resterait lettre morte si elle n'avait pas de sanction.

Les travaux préparatoires de la loi du 2 août 1884 sont formels en ce sens. Le rapporteur à la Chambre des

1. C. de Paris, 22 février 1839 ; Dalloz, *Rép.*, Vices rédhibitoires, p. 108, et commentaire p. 111.

députés (1), répondant à une question qui lui était posée à ce sujet, déclara qu'il y a une double formalité à observer : celle relative à la nomination des experts, et celle relative à l'exercice de l'action rédhibitoire qui doit être suivie dans les délais des articles 5 et 6 devant le tribunal compétent. La loi de 1895 n'a modifié en rien la procédure de la « mise en règle », et le texte de la loi n'a subi à cet égard aucune modification. Par conséquent, le doute ne saurait subsister. La Cour de Cassation, par une série d'arrêts, tant avant la loi de 1884 que depuis cette loi (2), a invariablement imposé à l'acheteur l'obligation d'intenter l'action dans le délai de l'article 5.

Durée du délai. — La durée du délai, variable selon la nature des vices rédhibitoires, a été calculée de manière à concilier les deux intérêts opposés de l'acheteur et du vendeur, et à les protéger également l'un et l'autre ; elle n'est pas assez longue pour que la maladie puisse se développer chez l'acheteur, et elle est suffisante pour

1. Séance du 30 juillet 1884.
2. Cass., 23 mars 1840, Dalloz, *Pép.*, Vices rédhibitoires, p.112 ; Cass., 5 mai 1846, D. 46, I, 209; Cass., 17 mai 1847, D. 47, I, 183 Cass., 19 décembre 1860, D. 1861, I, 24 ; Cass., 3 mai 1882, D. 83, I, 250 ; Villefranche, 2 avril 1887, *La Loi* du 31 décembre 1887 ; ce dernier jugement décide même que, faute d'avoir été intentée dans le délai, l'action rédhibitoire est non seulement non recevable, mais qu'elle est par cela seul mal fondée. Cette dernière solution est difficile à justifier, car le juge n'a pas encore examiné l'affaire quant au fond. Trib. civ., Châteaubriant. 7 décembre 1889, D. 1891, III, 40.

que celui-ci puisse reconnaître les vices rédhibitoires du cheval dont il s'est rendu acquéreur. Elle est de 30 jours pour la fluxion périodique et de 9 jours pour les autres vices.

Point de départ du délai. — Le délai commence à courir le lendemain du jour fixé pour la livraison. Si la livraison a été fixée par exemple le 15 novembre, le premier des 9 ou 30 jours est le 16 de ce mois.

Cette disposition remonte à la loi de 1838. Auparavant, aucune disposition formelle ne fixait le point de départ du délai ; beaucoup de jurisconsultes étaient d'avis que le délai devait courir du jour de la vente (1). Cette solution avait de graves inconvénients pratiques, car il arrivait souvent que le vendeur retardait la livraison de quelques jours afin de laisser à l'acheteur moins de temps pour arriver à reconnaître le vice rédhibitoire (2), et par ce procédé, toujours voilé et rendu plausible sous un prétexte quelconque d'impossibilité matérielle de livrer, il éludait l'action rédhibitoire.

1. En ce sens Aubry et Rau, *C. de dr. civil*, tome IV, p. 391, no 355 *bis* ; M. Troplong admettait que le délai court du jour de la livraison ; solution admise par l'ancienne jurisprudence, Troplong, tome II, nos 587 et 588 ; M. Laurent fait courir le délai à partir de la découverte du vice, tome XXIV, no 302, et M. Guillouard laisse au magistrat un pouvoir discrétionnaire. *De la Vente*, tome I, no 475.

2. Cet inconvénient était atténué par cette raison que le juge avait alors le droit d'apprécier si l'action avait été intentée dans un court délai ; aucun délai de rigueur n'était imposé.

Le projet de la loi de 1838 disposait que le délai courrait du jour de la livraison, et cette rédaction fut remplacée par la rédaction actuelle à la suite d'un amendement déposé en ce sens, et de cette remarque faite au cours de la discussion que les inconvénients existant alors au détriment de l'acheteur se reproduiraient absolument les mêmes au détriment cette fois du vendeur, en donnant à l'acheteur la possibilité de ne pas prendre livraison au jour convenu, et de s'assurer mieux de la sorte que le cheval n'était pas atteint de vices rédhibitoires.

Quel est le jour fixé pour la livraison ? — Si les contractants ont résolu eux-mêmes la question, nulle difficulté. Ils sont réputés avoir entendu que jusqu'au jour indiqué, la vente ne serait pas parfaite en ce qui concerne la garantie des vices cachés.

Lorsque l'acheteur néglige de prendre livraison au jour fixé, le délai n'en court pas moins ; c'est à lui de pourvoir à l'enlèvement de la chose. Il en est de même si ce jour-là le vendeur refuse de livrer, car il ne tient qu'à l'acheteur d'empêcher régulièrement le délai de courir ou d'interrompre son cours.

Si le délai fixé est anticipé, le premier des neuf ou trente jours est le lendemain du jour de la livraison effective et non du jour fixé pour la faire ; dans ce cas, les parties ont tacitement modifié le jour de la livraison : il faut s'en rapporter à leur volonté.

La même solution s'applique au cas fréquent, dans les

ventes conclues en foire ou dans un marché, où le vendeur s'oblige à conduire le cheval au domicile de l'acheteur. S'il y a un retard, en effet, il est imputable au vendeur qui doit en supporter les conséquences. L'acheteur n'est pas tenu d'aller chercher le cheval puisque le vendeur est obligé de le lui conduire, et d'un autre côté, il ne saurait se trouver privé de son droit d'examiner le cheval pendant neuf ou trente jours (1), et de faire constater le vice qu'il a pu découvrir.

Dans les ventes à l'essai, le délai ne court pas tant que dure l'essai, quoique l'acheteur soit en possession ; et le jour fixé pour la livraison ne compte pas dans la durée déterminée pour l'essai (2).

Enfin, lorsqu'après la vente les parties ont entamé des pourparlers en vue de proroger le délai légal, mais que ces pourparlers n'ont pas abouti, leur durée n'augmente pas le délai (3).

L'art. 5 de la loi de 1884 prévoit l'hypothèse où un jour a été fixé pour la livraison, mais il est muet sur l'hypothèse inverse ; il faut étudier celle-ci à l'aide des principes généraux.

Or, à défaut de convention contraire, tout contrat doit être exécuté de suite ; la délivrance et la livraison dans la vente sont immédiates. Le jour fixé pour la livraison

1. Cass., 28 janvier 1896, D. 97, 1, 475.

2. Poitiers, 28 juin 1873, S. 74, II, 99 ; Seine, trib. civ., *La Loi* des 14 et 15 novembre 1887 ; Metz, 29 août 1855, D. 56, V, 484.

3. Trib. civ., Béthune, 1er juin 1899, *Gaz. du Palais* du 23 juin 1899.

se confond donc avec le jour de la perfection du contrat ;
c'est à partir de cette date sans sommation ni mise en
demeure que court le délai (1).

Telle n'est pas l'opinion de la plupart des auteurs. Les
uns (2) admettent que le délai court à partir du jour où
la vente a été négociée, sans qu'elle soit définitive, mais
ce système est en opposition avec la loi du 2 août 1884
qui s'attache à la date fixée pour la livraison et non à
celle de la conclusion du marché. Les autres admettent
que c'est à partir du jour où le vendeur a été mis en demeure de prendre livraison (3) ou encore à partir du jour
de la livraison effective (4), parce que l'acquéreur acquiert l'usage par la tradition réelle et que l'usage seul
permet de connaître les défauts du cheval vendu ; mais
cette argumentation n'est pas en harmonie avec le principe de la loi de 1884, d'après lequel le point de départ du délai est indépendant du fait de la tradition
réelle.

1. En ce sens : Duvergier, *Collection des lois*, sur la loi de 1838,
p. 333, note 2 ; Demante et Colmet de Santerre, *Cours analytique
du Code civil*, tome VII, n° 91 *bis* ; Angers, 13 janvier 1896, D. 97,
II, 329, note de M. de Loynes.

2. P. de Croos, Code rural, tome I, liv. I, titre II, n° 158.

3. Galisset et Mignon, *Nouveau traité des vices rédhibitoires*, p. 94.
De Chêne Varin, *Code des vices rédhibitoires*, n° 127 ; Guillouard,
De la Vente, tome II, n° 516 ; Dejean, *Des actions rédhibitoires*,
n° 238.

4. A. Gallier, *Traité des vices rédhibitoires*, p. 270 ; et Garnier,
Presse vétérinaire, n° 127.

Supputation du délai. — Le délai est franc; c'est là une application pure et simple d'une règle de droit commun, que le législateur a néanmoins cru devoir formuler pour éviter toute contradiction entre le principe du Code de procédure et la loi spéciale du 2 août 1884.

La supputation s'opère donc d'après les règles ordinaires (1). Le délai se compte de minuit à minuit. Le *dies a quo* et le *dies ad quem* ne sont pas comptés dans le délai ; l'assignation peut donc être valablement donnée le lendemain du dernier jour. Si ce dernier jour est férié, le délai est prorogé au lendemain (2).

Quand la livraison de l'animal est effectuée hors du lieu du domicile du vendeur, ou quand, après la livraison et dans le délai ci-dessus, l'animal est conduit hors du domicile du vendeur, le délai s'augmente à raison de la distance, conformément aux règles du Code de procédure civile, art. 6, L. 2 août 1884.

L'augmentation est d'un jour par 5 myriamètres ; la distance inférieure à 5 myriamètres ne donne lieu à aucune augmentation ; au-delà de ce chiffre, l'excédent ne compte que pour les fractions de 4 myriamètres au moins. Ainsi 8 myriamètres augmentent le délai d'un jour, et 9 myriamètres de deux jours.

La distance prise en considération est celle qui sépare le lieu où le vendeur a son domicile de celui où se trouve

1. Garsonnet, *Cours de procédure civile*, tome II, p. 44.
2. Cass., 3 mai 1859. D. 1859, 1, 227 ; Montfort, 27 mars 1879, D., 79, III, 363.

le cheval au moment où l'action est intentée ; il n'y a pas
à rechercher le lieu où le cheval a été conduit immédiatement après la livraison (1).

La distance est calculée en prenant pour base, non pas
une ligne géométrique à vol d'oiseau entre les localités,
mais en suivant le parcours le plus direct de l'une à
l'autre.

L'action est considérée comme intentée dans le délai,
alors même que l'assignation a été donnée devant un tribunal incompétent, car la loi de 1884 n'a pas dérogé
sur ce point à l'art. 2246 du Code civil. Toutefois, la
deuxième procédure, suite et conséquence de la première, doit elle-même être intentée dans les délais que
nous connaissons à partir de la date du jugement d'incompétence (2).

Le délai peut-il être prorogé en signifiant au vendeur
par acte extrajudiciaire des réserves formelles ?

Cette question peut se poser à l'égard d'un acheteur
encore propriétaire vis-à-vis de son vendeur, mais elle se
présentera plus souvent à l'égard de l'acheteur devenu
vendeur qui, actionné en nullité, est en droit d'appeler
son propre vendeur en garantie.

1. Cass., 13 janvier 1845 ; *D. Rép.*, Vices rédhibitoires, p. 116.
2. La jurisprudence n'admet pas que le point de départ du délai
pour intenter la 2e procédure soit la date de la signification du
jugement d'incompétence ou celle à laquelle il acquiert l'autorité
de la chose jugée ; Trib. Charolles, 27 juin 1896 ; *Le Droit,* 19 août
1896.

A notre avis, le délai ne peut être prorogé par acte extra-judiciaire ; il est préfix ; à son expiration, il y a déchéance du droit d'agir. Pour qu'il en fût autrement, il aurait fallu une disposition expresse de la loi. Le délai constituerait-il un délai de prescription qu'il faudrait encore donner la même solution, car l'acte extrajudiciaire n'est pas interruptif de prescription. Par suite du caractère de déchéance du délai, il n'est pas suspendu au profit des mineurs ou des interdits (1).

La durée du délai est profondément modifiée au cas fréquent où le vendeur a été appelé à l'expertise prescrite par la loi. Il suffit en ce cas que l'action soit intentée dans les trois jours de la clôture du procès-verbal d'expertise (2).

2° *Provoquer dans le délai la nomination d'experts.*

Indépendamment de l'obligation d'intenter l'action dans un bref délai, l'acheteur doit encore, à peine de non recevabilité, provoquer dans le même délai la nomination d'experts chargés de constater le vice du cheval.

A cet effet, l'acheteur présente une requête, verbale ou écrite à son choix, au juge de paix du lieu où se trouve le cheval. Si la requête est écrite, ce qui est le cas le

1. L'impossibilité pour l'acheteur d'assigner et d'enquêter dans les délais par la faute du vendeur qui a donné un faux nom pour empêcher l'exercice de l'action rédhibitoire n'entraînerait pas la déchéance ; Trib. comm., Nantes, 20 novembre 1897, *Rec. de jurispr.* de Nantes, 1898, I, p. 141.

2. Voir pages 145 et s.

plus fréquent, elle doit être signée du requérant et datée. L'indication de la date est le seul moyen de savoir si la requête a été présentée en temps utile ; d'ailleurs la loi, en disant que le juge constatera dans son ordonnance la date de la requête, suppose la mention de cette date, et l'exige implicitement.

Il est bon que la requête indique nominativement le vice supposé existant, car si ce vice n'est pas compris dans la nomenclature légale, le juge de paix montrera au requérant que sa demande n'a aucune chance de succès. Presque toujours elle désigne le vice allégué ; elle sert aussi de moyen d'élargir la mission et le pouvoir des experts, auxquels elle demande qu'il soit prescrit de rechercher s'il existe un vice rédhiditoire quelconque (tel vice, ou tout autre vice rédhibitoire), d'arbitrer la réduction de prix motivée par l'existence du vice, et de faire l'autopsie en cas de mort du cheval.

Si le cheval a été emmené hors de France, la désignation des experts est faite par le juge de paix étranger, ou le magistrat qui en tient lieu, en suivant les formes usitées dans ce pays par application de la règle « *Locus regit actum* ».

La requête doit être présentée dans les délais de l'article 5 de la loi du 2 août 1884 à peine de non recevabilité de l'action (1).

Avant cette loi, il y avait controverse pour savoir si le délai était franc ou non. Il ne peut y avoir de doute

1. Cass , 28 janvier 1896 ; *Pand. fr.*, 1896, 1, 440.

maintenant. Ce qui a été dit plus haut sur le délai s'applique ici pour l'expertise, sauf une exception : le délai ne s'augmente pas à raison de la distance ; l'acheteur n'a pas besoin de cette augmentation : il sait où il a déplacé le cheval et il peut toujours même au dernier moment présenter sa requête au juge de paix ; il en est autrement pour l'assignation qui, lancée au dernier moment, ne peut atteindre aussitôt un vendeur éloigné.

Lorsque l'acheteur présente sa requête le dernier jour du délai, et que le juge de paix et ses suppléants sont empêchés ou absents, il peut prouver qu'il a fait toutes diligences nécessaires pour se « mettre en règle », soit par un procès-verbal d'huissier, soit, à défaut, par une attestation du maire, ou de l'autorité municipale qui le remplace ; en ce cas, les formalités légales pourront valablement être accomplies le lendemain.

La juge de paix rend « immédiatement » une ordonnance nommant des experts ; s'il y a urgence, il répond la requête de suite, même en sa demeure ; mais c'est là une pure faculté pour lui ; s'il le préfère, il se rend au siège de la justice de paix. Toutefois, il ne lui est pas loisible d'attendre et d'apprécier les faits.

Si la requête est verbale, il fait précéder l'ordonnance d'un exposé succinct des faits, qu'il signe avec le requérant ; si la requête est écrite, l'ordonnance est rendue dans la forme ordinaire, sans exposé préalable.

Elle mentionne, nous le savons, la date de la requête, et contient, c'est son objet, nomination de un ou trois experts. Le nombre de ceux-ci est choisi par le juge de paix, qui, à cet égard, tient compte principalement de la difficulté des constations à faire, de la valeur du cheval litigieux et des circonstances. Il se peut, par exemple, que le requérant ait demandé la nomination comme expert de telle personne qui est son ami ou son vétérinaire ; la partialité du rapport est à craindre ; pour y remédier, le juge de paix nomme trois experts quand même le demandeur aurait demandé la nomination d'un seul.

Le droit d'appréciation du juge de paix constitue une dérogation à la règle de l'article 303 du C. de Pr. civile. Cela résulte du texte de la loi et des travaux préparatoires de la loi de 1838.

Un amendement, déposé alors par le baron Séguier, d'après lequel il était prescrit au juge de paix de s'en rapporter « au désir des parties », n'a pas abouti.

Si le juge a nommé un seul expert, l'acheteur ne peut pas, dans le délai de garantie ou après, demander la nomination de deux autres experts. estimant que l'expertise lui sera ainsi plus favorable, car le juge a épuisé ses pouvoirs ; son ordonnance rendue, il est dessaisi.

La requête à fin d'expertise est une formalité nécessaire qu'aucune autre ne saurait remplacer ; une déclaration de témoins ou d'hommes de l'art, affirmant que le cheval est atteint d'un vice rédhibitoire n'aurait pas la même vertu probatoire, et n'offrirait pas la même garantie d'impartialité que l'expertise ; l'expert remplit une mission judiciaire sous sa responsabilité, au lieu que la déclaration des hommes de l'art a pu leur être extorquée à deniers comptants.

Le ou les experts, dans l'accomplissement de leur mission, sont soumis aux règles de droit commun. Toutefois en ce qui concerne la récusation, si les motifs de la récusation sont ceux des articles 283 et 310 du Code de pr. civile, les formalités de récusation sont beaucoup plus simples : le requérant expose au juge de paix les motifs qu'il invoque, et le juge de paix en tient compte si le motif est admis par la loi, et nomme un autre expert.

Il n'est pas rare que les experts soient nommés après le délai de garantie, par exemple : les experts nommés ont été récusés, ou ils sont morts, ou ils n'ont pas accepté leur mission. En ce cas, le demandeur présente une nouvelle requête qui est suivie d'une seconde ordonnance nommant d'autres experts. Quoique intervenues après l'expiration du délai, ces requête et ordonnance sont valables, si l'acheteur s'est mis en règle ; ses droits ne sauraient être atteints par une circonstance indépendante de sa volonté. De même, si l'expertise a été ultérieurement annulée, la décision judiciaire qui prononce la nullité ordonne valablement, bien que le délai de garantie soit expiré, une nouvelle expertise qui remplace la première dont elle a tous les effets.

3o *Appeler le vendeur à l'expertise.*

A la différence des deux conditions de recevabilité précédentes, la troisième, appel du vendeur à l'expertise, n'est obligatoire que sauf dispense. « Le vendeur sera « appelé à l'expertise, à moins qu'il n'en soit autrement « ordonné par le juge de paix, à raison de l'urgence et « de l'éloignement ». Tels sont les termes de l'article 8 L. 2 août 1884, alinéa 1ʳ.

Cette prescription déroge au droit commun. Elle n'est imposée au demandeur que depuis la loi du 2 août 1884. D'après l'exposé des motifs, elle a été introduite dans la loi pour deux raisons : Il est bon que les faits soient constatés contradictoirement toutes les fois que cela est possible. En outre, à ce moment du litige, la conciliation est encore facile ; on peut espérer que l'expert, s'il est consciencieux et capable, pourra terminer à l'amiable le plus grand nombre des contestations.

Qui est juge de l'utilité de l'appel du vendeur à l'expertise et peut en dispenser le demandeur ? C'est le juge de paix à qui la requête à fin d'expertise a été adressée, et lui seul. Son appréciation sur ce point est souveraine, sans toutefois qu'il ait pour cela un pouvoir discrétionnaire.

La dispense doit être motivée, et la loi ne permet de l'accorder que dans deux cas : s'il y a urgence ou éloignement. Il y aurait urgence, par exemple, dans le cas de mort ou de crainte de la mort du cheval, ou encore s'il s'agit de constater un accès de fluxion périodique qui aurait disparu au moment de l'expertise, si celle-ci n'était pas immédiate ; mais il n'y a pas urgence lorsque l'acheteur ayant soupçonné le vice tardivement n'intente l'action qu'à la dernière heure du délai. Décider le contraire aboutirait à donner, à celui qui retarderait l'accomplissement des formalités de la mise en règle jusqu'au dernier moment utile, et voudrait ensuite se hâter et prétexter l'urgence, un moyen d'éviter l'expertise contradictoire et d'éluder les prescriptions légales.

La notion de l'éloignement n'est pas moins relative que celle de l'urgence. Pour savoir s'il y a éloignement, il faut souvent s'en rapporter aux circonstances. En fait, on considère qu'il y a éloignement lorsque l'expertise ne peut plus être faite dans un « bref délai » comme l'exige la loi, à raison des délais de procédure à observer, et aussi lorsque la citation à l'expertise occasionnerait des frais trop dispendieux.

La sanction de cette troisième obligation du demandeur à l'action rédhibitoire n'est pas douteuse : si le juge de paix a prescrit l'appel à l'expertise et qu'il n'ait pas eu lieu, l'action n'est pas recevable (1). En d'autres termes, cette formalité n'est pas obligatoire dans tous les cas, mais quand elle l'est, ce qui a lieu toutes les fois qu'il n'en a pas été accordé dispense, elle constitue une formalité substantielle.

Lorsque l'expertise se fait en plusieurs vacations, le vendeur doit être appelé à toutes les opérations des experts.

1. Trib., comm., Montereau, 3 avril 1894, D. 1895, II, 379.

Il ne suffit pas de le convoquer pour une ou plusieurs de
ces opérations (1).

Reste à savoir dans quel délai le vendeur doit être appelé.
« La citation à l'expertise *devra* être donnée au vendeur
« dans les délais déterminés par les articles 5 et 6 ; elle
« énoncera qu'il sera procédé même en son absence »,
art. 8 al. 2. L. 1884.

Quel est le sens exact de cette expression « devra » ?
Elle est impérative, mais l'obligation qu'elle impose
a-t-elle pour sanction la non-recevabilité de l'action
rédhibitoire. Ce délai est-il de rigueur ?

Il le semble bien, car tel, est le caractère de tous les délais
en général, et de ceux de la loi de 1884 en particulier. S'il
en était autrement, où serait la sanction ? L'introduction
de cette disposition dans la loi est d'autant plus signifi-
cative qu'elle constitue une innovation de la loi de 1884.
« L'assignation et la citation à l'expertise » dit M. Bois-
tel (2), « doivent marcher de pair ; ce sont des formalités
« complémentaires l'une de l'autre ; le délai unique qui
« est imparti pour les deux, ne saurait être exigé sous
« des sanctions différentes pour l'une et pour l'autre ».

La jurisprudence s'est prononcée en majorité en ce
sens ; et une décision récente de la Cour de cassation (la
première sur la question) paraît l'avoir définitivement
consacrée (3).

1. Vitré, 27 juillet 1898 ; *Gazette du Palais*, supplément, 1898,
p. 396.
2. Dalloz 1898, I, 417 en note.
3. E. Le Peletier, *Manuel des vices rédhibitoires*, 2ᵉ édition, nᵒ 190,

Les partisans (1) de l'opinion contraire ne font pas moins autorité. Ils remarquent que les nullités et fins de non recevoir sont de droit étroit ; or, la loi ne prononce aucune sanction formelle. En outre son but est atteint dès lors que le vendeur a été appelé avec toute la diligence possible, et prévenu suffisamment à temps pour se rendre à l'expertise. Le juge de paix qui a le pouvoir d'apprécier si l'acheteur doit être dispensé d'appeler le vendeur à l'expertise, a également celui de juger si la citation a été donnée en temps utile ou non. Les tribunaux apprécieront si l'appel a eu lieu assez tôt, sans qu'ils soient tenus de prononcer la non recevabilité de l'action pour cette seule raison qu'il n'a pas été fait dans les neuf ou trente jours. La règle de l'article 8 n'est pas absolue. Cette solution est la seule conforme à l'esprit de la loi et aux travaux préparatoires ; elle a été adoptée par la Cour de Caen (2).

Si elle est moins juridique que la précédente, en ce sens que le texte paraît l'exclure et qu'en droit il y a de nombreuses nullités qui sont virtuelles, elle est du moins

p. 122 à 131 ; Cass. civ., 29 mars 1898, *Pand. fr.*, 1898, I. 408 et D. 1898. I. 417. Montereau, 3 avril 1894, D. 1895, II, 379 ; Trib. civ., Aurillac, 6 février 1889, *Le Droit* du 24 mars 1889.

1. Guillouard, *Traité de la vente*, II, n° 512 ; Alfred Gallier, *Traité des vices rédhibitoires*, p. 485 et s.; M. Desjardins, conclusions de l'arrêt de cass. précité ; De Chêne-Varin, *Code des vices rédhibitoires*, n° 120.

2. Mortain, 30 janvier 1885, confirmé par Caen, 6 juin 1885, D. 1886, II, 234, et note conforme.

préférable en législation et justifiée en pratique ; à ce double titre, s'il fallait exercer un choix, elle aurait notre assentiment.

Nous distinguons par conséquent deux choses : la sanction du défaut d'appel à l'expertise lorsqu'il n'est motivé par aucune dispense : non recevabilité d'action ; et la sanction de l'appel tardif, c'est-à-dire fait après l'expiration des délais : action recevable ou non suivant l'appréciation du tribunal.

Dans tous les cas, le vendeur doit être appelé de manière à pouvoir se transporter au lieu de l'expertise avant qu'elle ait lieu (1). La sommation faite au vendeur offre cette particularité qu'elle énonce qu'il sera procédé à l'expertise même en l'absence du vendeur. Cette disposition n'a rien d'arbitraire. Le vendeur est averti ; il a la faculté d'assister à l'expertise ; son intérêt est sauvegardé. S'il ne pouvait être procédé à l'expertise qu'en sa présence, il pourrait systématiquement refuser de s'y trouver, soit négligence, soit prétexte d'impossibilité, ce qui aurait pour résultat direct de retarder des constatations urgentes, et pour conséquence indirecte mais préjudiciable à l'acheteur, d'empêcher l'expertise, et de rendre plus lourde la charge de la preuve.

Lorsque le vendeur régulièrement cité se rend à l'expertise et qu'elle n'a pas lieu sans sa faute, il a droit d'être

1. Voyez Valence, 19 novembre 1884, *Gaz. du Palais*, 27 nov. 1884 ; Trib., Mayenne, 5 mai 1897, *France judiciaire*, 1897, p. 193.

dédommagé de tous ses frais. S'il ne s'est déplacé que sur une convocation irrégulière, la question est plus douteuse. En droit, il ne peut prétendre à aucune indemnité. En équité, il en est différemment ; le tribunal tient compte de sa bonne volonté, s'il le juge à propos ; il y a des décisions judiciaires en ce sens (1).

Lorsque le vendeur est appelé à l'expertise, les délais édictés par l'article 5 Loi 2 août 1884, pour intenter l'action rédhibitoire sont prorogés. La loi le dit en termes formels dans l'article 8, alinéa 3, et le répète implicitement dans l'alinéa suivant. Dans ce cas, la demande pourra être signifiée dans les trois jours à compter de la clôture du procès-verbal (2) dont copie sera reproduite en tête de l'exploit.

Ce mot « pourra » indique que c'est pour l'acheteur une faculté. Il a le choix d'assigner son vendeur en rédhibition dans les délais, soit de l'article 5, soit de l'article 8 ; il choisira ordinairement le délai de ce dernier article qui est le plus long, et qui lui permet d'agir plus en connaissance de cause, puisqu'il connaît le résultat de l'expertise. De la sorte, il évite des frais ; au lieu de faire deux significations au vendeur, il n'en fait qu'une seule s'il intente l'action, et s'il ne l'intente pas, il n'a pas à débourser les

1. Domfront, 14 décembre 1887, rapporté dans A. Gallier, *loco citato*, p. 493.

2. Le délai court de la date de la clôture du procès-verbal, et non du jour de la remise du rapport au greffe. En ce sens, Bordeaux, 10 mars 1896, D. 97, II, 142.

premiers frais de la demande qui sont toujours assez élevés.

Le délai de trois jours n'est pas franc (1) ; il ne comprend pas le jour même de la clôture de l'expertise (ce qui résulte des mots « à compter » qui sont exclusifs) bien que la demande puisse être intentée ce jour là ; mais il se termine le troisième jour au soir. Toutefois si ce dernier jour est férié, le délai est prorogé au lendemain (2).

Le procès-verbal est clos quand il est daté et signé par l'expert. Celui-ci doit déposer son rapport immédiatement,

1. Nancy, 21 janvier 1890, D. 1890, II 214.
2. Ce délai de trois jours s'augmente-t-il à raison de la distance ? La question est controversée. Pour soutenir la négative, on peut s'appuyer sur l'article 1033, § 3, Code pr. civ., d'après lequel « Il en sera de même » (c'est-à-dire que le délai est augmenté à raison de la distance) « lorsqu'en vertu de lois décrets ou ordon-« nances, il y a lieu d'augmenter un délai à raison des distan-« ces. » Il semble résulter de là que l'augmentation du délai n'a pas lieu en matière spéciale, à moins que les textes ne le disent expressément. Or, sur ce point, l'article 8, L. 2 août 1884 est muet. En ce sens : Trib. civ., Caen, 4 décembre 1888, rapporté dans A. Gallier, *loco citato*, p. 509. Cette solution nous semble inexacte. L'article 8 comporte l'application du droit commun par cela seul qu'il ne dit pas le contraire. En outre, si le législateur veut que l'expertise soit notifiée à très bref délai, il ne fait pas obstacle à l'exercice de la demande, par une mesure d'excessive rigueur. Dans les articles précédents (articles 5 et 6) qui édictent un délai plus court, il y a lieu à augmentation à raison de la distance ; *à fortiori*, il en est de même dans l'article 8 qui édicte un délai plus long, et par conséquent devant comporter cette augmentation. En ce sens : Guillouard, *De la Vente* tome II, nᵒ 520 ; A. Gallier, *loco citato*, p. 550 et 551 ; Nancy, 21 janvier 1890. D. 1890, II, 214 et Mortagne, 28 janvier 1897, D. 97, II, 277.

sans quoi l'acheteur n'aurait pas le loisir de le consulter et d'apprécier s'il convient d'intenter l'action rédhibitoire, et, au cas où il prendrait cette résolution, il ne pourrait pas signifier la copie de l'expertise en tête de l'exploit; il faut au greffier le temps matériel d'en délivrer une expédition.

L'omission de la copie du procès-verbal en tête de l'exploit ne rendrait pas l'action non recevable (1); elle serait réparée par une signification ultérieure faite avant le prononcé du jugement à intervenir (2).

Le délai de trois jours est de rigueur, s'il n'était pas observé, la demande serait rejetée comme tardive et non recevable en la forme (3).

Les formalités de la mise en règle sont nécessaires : aucune autre ne saurait y suppléer ou dispenser de les accomplir (4).

Elles sont urgentes, mais à un degré différent. A ce point de vue la plus rigoureuse est la seconde : la provocation de l'expertise, qui ne comporte ni prorogation de délai, ni dispense ; c'est d'elle que l'acheteur doit d'abord

1. Valence, 19 novembre 1884, *Gaz. du Palais*, 27 novembre 1884.

2. Soissons, 26 janvier 1887, *Presse vétérinaire*, 1887, p. 183. Ce jugement suppose à tort que le délai court du jour du dépôt du procès-verbal au greffe ; il court à partir du jour de la clôture.

3. Nancy, 21 janvier 1890, précité.

4. Cass., 15 mai 1854, S. 1854, I, 457 ; Cass., 10 décembre 1855, S. 1856, 1, 237 ; Seine, 8 septembre 1869, *Le Droit*, 17 septembre 1869.

se préoccuper. En l'accomplissant, il sait s'il est tenu d'appeler le vendeur à l'expertise ou s'il en est dispensé ; dès lors, il n'y a plus que l'une ou l'autre des deux autres formalités, qui doive être immédiate, soit l'appel du vendeur à l'expertise, parce que la citation en justice n'offre alors rien de pressant, soit la citation en justice, parce que l'appel à expertise n'est pas obligatoire.

Les premières démarches terminées , l'action rédhibitoire suit son cours d'après les règles ordinaires de la procédure. Ces règles n'offrent guère d'intérêt pour l'acheteur, sauf peut-être celles de la compétence que nous allons rappeler brièvement ; ce qui lui importe principalement, c'est d'établir la preuve du vice et de connaître les effets de l'action en ce qu'ils lui sont favorables ou contraires.

2° *Compétence et Procédure.*

La demande est portée devant les tribunaux compétents « suivant les règles ordinaires du droit ». Art. 9, loi 1884.

Le législateur de 1838 avait voulu pour la compétence s'en référer au droit commun, et le rapporteur s'en était clairement expliqué. Mais le texte de la loi n'en disait rien ; de là quelques difficultés : on se demandait notamment si le juge de paix n'était pas toujours compétent pour statuer sur l'action rédhibitoire au fond.

Pour couper court à toutes questions, on a inséré

dans la loi de 1884 l'article 9 ; mais cette disposition est certainement sans utilité.

Le vendeur doit être cité devant le tribunal de son domicile ; s'il n'a pas de domicile, devant le tribunal de sa résidence. S'il y a plusieurs vendeurs domiciliés dans des lieux ne ressortissant pas du même tribunal, ils peuvent être tous cités devant le tribunal du domicile de l'un d'eux, au choix du demandeur.

Lorsque la vente est purement civile, la demande est portée devant les tribunaux civils : juge de paix, si elle a pour objet une somme ne dépassant pas deux cents francs, tribunal de première instance, au-delà de ce chiffre, ou en cas de demande indéterminée.

Au contraire, le litige relatif à une vente commerciale est de la compétence des juges consulaires, quel que soit le montant de la demande.

La vente a parfois le caractère civil à l'égard d'une des parties, et commercial à l'égard de l'autre. Est-elle commerciale à l'égard du vendeur seul ? L'instance est portée, au choix de l'acheteur, devant la juridiction consulaire, ou la juridiction civile. A-t-elle ce caractère à l'égard de l'acheteur seul ? L'action ne peut être portée par ce dernier que devant le tribunal civil.

D'une manière générale, la vente est commerciale à l'égard de toute personne qui est commerçante ou qui a envisagé le marché comme un acte de commerce ; par exemple : l'acheteur a acquis le cheval non pour le faire travailler ou l'amender, mais en vue de le revendre avec bénéfice (1) ; c'est le cas du marchand de chevaux. Au contraire, acheter un cheval pour labourer des terres, ou un poulain en vue de l'élever, n'est pas faire acte de commerce (2).

La procédure est rapide et économique. La demande est dispensée du préliminaire de conciliation, et, devant les tribunaux civils, elle est instruite et jugée comme en matière sommaire.

3° *Preuve du vice rédhibitoire.*

La preuve de l'existence du vice rédhibitoire est à la charge du demandeur. C'est là une application élémentaire du principe de l'article 1315 : « *Actori incumbit onus probandi* ».

La preuve a un double objet : d'abord, l'existence *in concreto* d'un vice rédhibitoire, car l'action n'est fondée qu'autant qu'elle repose sur une cause ; ensuite, l'existence de ce vice lors de la vente, car c'est à ce moment là qu'il faut se placer pour apprécier les conditions de validité du contrat.

I. La preuve du vice se fait au moyen de l'expertise. Nous savons déjà qu'il y a toujours une expertise, et

---

1. Caen, 7 mai 1878, *R. des Arrêts*, Caen et Rouen, 1879, p. 1 ; Aix, 28 avril 1837, D. 1837, II, 147.

2. Paris, 29 mai 1843 ; Dalloz, *Rép. Compétence commerciale,* p. 173.

qu'elle a lieu dans un délai très court ; c'est là une des conditions de recevabilité de l'action.

Les experts sont choisis par le juge de paix ; il nomme pour remplir cette fonction qui il veut (1), sauf le droit de récusation des parties ; mais en fait il désigne des praticiens ou des hommes de l'art pourvus d'un diplôme de vétérinaire. Un rapport fait par des empiriques n'aurait aucun crédit auprès du tribunal ; en outre « l'expert « chargé de constater la maladie doit par ses soins « empêcher que le mal s'aggrave » (2).

Les experts opèrent dans le plus bref délai, sans être tenus cependant d'agir dans celui fixé par l'article 5 (3). Au jour indiqué, en présence des parties, ou à leur défaut si elles ont été dûment appelées, et l'identité du cheval litigieux préalablement reconnue, ils remplissent leur mission dans les limites que leur a tracées l'ordonnance du juge de paix. Tantôt ils se bornent à la recherche et à la constatation d'un seul vice rédhibitoire, celui allégué. Tantôt leurs investigations s'étendent à tous les vices compris dans l'énumération légale. Tantôt en vertu d'un

1. Lors de la discussion de la loi du 2 août 1884 à la Chambre des députés, M. Bernard demanda qu'à l'article 7 fût ajoutée une disposition, d'après laquelle les experts devraient être munis d'un diplôme de vétérinaire délivré par une des écoles vétérinaires de France. Combattu par M. Maunoury, cet amendement fut rejeté. Voir une proposition de loi de **M. Darbot** au Sénat ; séance du 13 décembre 1898.

2. M. Bost, *Correspondant des Justices de paix*, 1860, p. 424.

3. Rouen, 24 août 1842, Dalloz, *Rép. vices rédhibitoires*, p. 104. Voir aussi en note, Cass.. p. 111.

pouvoir spécial, ils procèdent à l'autopsie, au cas de mort du cheval. Il leur est prescrit également depuis la loi de 1884, de recueillir tous les renseignements utiles.

Est-ce à dire qu'ils aient le droit de faire une véritable enquête, et d'affirmer l'existence du vice en fondant leur conviction uniquement sur les témoignages recueillis ?

La question est discutée (1). D'après les uns (2), l'expert ne peut constater que ce qu'il a vu par lui-même ; d'après les autres (3), il peut se former une opinion fondée sur les déclarations des témoins et la nature des symptômes qui lui sont démontrés.

A vrai dire, l'expert forme sa conviction comme il peut, sans qu'il fasse pour cela une véritable enquête ; il ne joue pas dans l'expertise le rôle d'un magistrat enquêteur qui entend des témoins sous la foi du serment; il recueille des renseignements ce qui est bien différent : mais ces renseignements l'éclairent sur les caractères de la maladie et ses causes, et peuvent lui donner une conviction (4).

L'expert donne son avis dans son rapport. Le vice rédhibitoire y est toujours désigné par le mot technique em-

1. M. Rey, *Traité de jurisprudence vétérinaire*, p. 74 et 75.
2. Mignon et Galisset ; *Traité des vices rédhibitoires* ; Bernard, *Guide du Vendeur*.
3. Huzard et Harel, *De la garantie des vices rédhibitoires*.
4. M. H. Bouley (*R. de Médecine vétérinaire*, 1876, p. 994) recommande à l'expert de n'affirmer que ce dont il est absolument certain.

ployé par la loi, et non par le mot populaire, afin qu'il n'y ait aucune confusion dans l'esprit des juges.

S'il y a trois experts et qu'ils soient d'un avis différent, ils indiquent les motifs des divers avis, sans faire connaître l'auteur de chaque opinion. Un seul rapport est rédigé ; mais il n'y aurait pas nullité si, faute de s'entendre, les experts avaient rédigé chacun séparément leur rapport.

A la fin de leur procès-verbal les experts affirment la sincérité de leurs opérations. Loi 1884, art. 7 *in fine*. Il en était différemment sous l'empire de la loi de 1838 ; on appliquait alors le droit commun du Code de procédure qui prescrit le serment préalable sauf dispense (1).

La disposition actuelle a donné lieu à diverses interprétations.

D'après une opinion (2), l'article 7 ne fait pas échec aux règles du droit commun, mais y ajoute. La prestation du serment préalable demeurerait obligatoire ; il y aurait lieu, en outre, de réitérer par écrit à la fin du procès-verbal l'affirmation de la sincérité des opérations.

D'après une autre opinion (3), leur mission terminée, les experts sont tenus de prêter serment devant le juge de paix dans la forme ordinaire, car ils ne peuvent se prê-

1. En cas de dispense du serment, le rapport n'avait de valeur qu'entre les parties, tout autre intéressé était libre de demander la nullité de l'expertise ; Seine, 21 février 1860 ; *D. Rép.*, tome 44, p. 107, note 1.

2. *Journal des Greffiers*, 1885, p. 2.

3. Le Peletier, *Manuel des vices rédhibitoires*, n°s 144 et 145.

ter serment à eux-mêmes, et aussitôt ils clôturent leur procès-verbal avec la mention de l'affirmation de sincérité.

Nous croyons au contraire que la loi du 2 août 1884 se suffit à elle-même sur ce point. Elle n'exige aucune prestation de serment. Le serment préalable serait une cause de retard et une source de frais ; or il y a urgence et la loi évite tous les frais inutiles. Le serment postérieur ferait double emploi avec l'affirmation de sincérité ; on ne voit pas pourquoi l'expert devrait aller prêter serment devant le juge de paix et ensuite clôturer son rapport. La loi a voulu simplifier ; les travaux préparatoires ne laissent aucun doute à ce sujet. Le texte lui-même paraît fort explicite ; il ne dispose pas que les experts iront prêter serment, mais bien qu'à la fin de leur procès-verbal ils affirmeront par serment la sincérité des opérations. Cela ne veut pas dire qu'ils se prêtent serment à eux-mêmes, mais que leur serment, au lieu d'être verbal est écrit ; il n'en a pas moins de valeur.

A défaut de décisions judiciaires explicites à cet égard, il en est qui admettent implicitement notre solution. Il a été jugé que si l'expert a prêté serment avant l'expertise, la vacation pour la prestation du serment n'entre pas en taxe ; n'est-ce pas reconnaître que le serment préalable n'est pas obligatoire et que l'expert doit s'abstenir de le prêter ? (1).

1. Dalloz, *Rép.*, suppl., tome XIX, p. 190, n° 192 ; Trib. civ., Semur, 2 juin 1887 ; *La Loi,* du 11 juillet 1887 ; Caen, 12 décembre 1890, D. 1891, V, 297.

L'affirmation de sincérité est de rigueur (1); néanmoins, si elle était omise, l'expertise ne serait pas nulle dès lors qu'il résulterait du procès-verbal qu'avant d'y procéder, l'expert a prêté serment devant le juge de paix (2).

En général les conclusions de l'expert (3) exercent une grande influence sur la conviction du juge et le résultat de l'action rédhibitoire ; cependant elles ne lient pas le tribunal qui conserve un droit absolu de contrôle et d'appréciation. Si sa religion est mal éclairée, il prescrit une nouvelle expertise ou un supplément d'information. De même, celle des parties qui aurait intérêt à combattre l'expertise a toute liberté de le faire, en demandant sa nullité ou en provoquant une contre expertise.

La nullité résulterait de l'omission d'une formalité

1. Ruffec, Simonet, *Lois nouvelles*, 1897, 4ᵉ partie, p. 88.

2. Elle n'est pas prescrite à peine de nullité d'après Châteaubriant, 7 décembre 1889, D. 1891, III, 40. En sens contraire : Lons-le-Saulnier, 25 mai 1893, *Rép. de police sanitaire*, 1894, p. 87.

3. L'expert doit-il déposer son rapport au greffe ? Sous l'empire de la loi de 1838, il était admis que l'original du rapport devait être remis à la partie la plus diligente, ordinairement l'acheteur requérant qui en faisait la signification au vendeur. On se fondait sur les travaux préparatoires et la discussion à la Chambre des députés (séance du 27 avril 1838, *Moniteur*, du 28 avril). La loi de 1884 ne paraît avoir rien changé au système. Il serait donc toujours en vigueur. Il est à remarquer cependant qu'il constitue une dérogation à l'article 319, C. pr. civ., sans qu'aucun texte ne l'établisse expressément, et qu'il est dangereux, l'acheteur pouvant modifier après coup le procès-verbal. Aussi est il préférable d'appliquer le droit commun, et de déposer le rapport au greffe de la justice de paix. Voir *Journal des Greffiers*, 1885, p. 153, et Dalloz, *Rép.*, tome XLIV, p. 108, n° 268.

substantielle, telle que l'affimation de sincérité (1), de l'excès de pouvoir, ou des causes de droit commun.

En cas de nullité, la nouvelle expertise est pratiquée aussitôt ; mais peut l'être après le délai de garantie, sans qu'il en résulte aucune fin de non recevoir de l'action.

Lorsque le rapport n'est pas concluant, le demandeur établit l'existence du vice par tous moyens, tels que serment, aveu, contre expertise, car il s'agit d'un fait à démontrer ; du moins la loi le laisse entendre en ordonnant à l'expert de s'entourer de tous renseignements, et de recourir aux témoignages des personnes capables d'en fournir. L'expertise préalable est nécessaire ; mais aucun texte ne dit qu'elle est le seul mode de preuve.

II. Supposons démontrée l'existence du vice rédhibitoire au moment de l'expertise, il reste à établir l'existence de ce vice à l'instant même où s'est formé le contrat de vente. C'est là chose très difficile en fait car la vente remonte à quelques jours, et les premiers symptômes d'une maladie sont susceptibles de plus ou de moins ; il est presque impossible d'établir avec certitude à quel moment précis le vice commence d'exister.

Le législateur s'en est rendu compte, aussi aide-t-il l'acheteur au moyen d'une présomption. Par cela seul que le vice rédhibitoire s'est manifesté dans le délai de garantie, il est réputé être caché au moment de la vente et par conséquent antérieur à celle-ci.

1. Voir cependant ci-dessus, page 156.

C'est là une présomption « *juris et de jure* » qui n'admet pas la preuve contraire, car c'est l'une de celles sur le fondement desquelles la loi annule un acte (1).

Elle s'applique même au cas où le cheval est mort dans le délai de la garantie, s'il est prouvé que la mort est causée par une maladie rédhibitoire.

Cette présomption est fondée sur les observations répétées des hommes de l'art vétérinaire, qui affirment que certaines maladies (parmi lesquelles figurent les vices rédhibitoires) se développent toujours dans un nombre de jours à peu près invariable. Elle est donc aussi rationnelle qu'utile. Si elle n'avait pas été édictée, il en serait résulté une foule de procès, et le plus souvent, le succès de l'action rédhibitoire aurait été compromis et rendu très aléatoire.

La présomption a toujours la même force, mais elle ne reçoit vraiment son application qu'autant qu'il est démontré que le vice existait à un moment quelconque du délai.

Si l'expertise, ayant été faite après les 9 ou 30 jours, constate l'existence du vice au moment où il est procédé, la présomption peut ne pas s'appliquer. Ou bien l'expert se prononce pour l'existence du vice non seulement lors de l'expertise, mais à un moment quelconque du délai de

1. Guillouard, *De la Vente*, II, n° 536 *bis* ; Sens, 3 mars 1892, D. 93, II, 232. En sens contraire, A. Gallier, *Traité des vices rédhibitoires*, p. 191, et Seine, 29 décembre 1852, *Rec. de méd. vétérinaire*, 1852, p. 911.

garantie; en ce cas la présomption s'applique. Ou bien il ne fait pas cette affirmation, et alors la présomption est sans objet.

L'expert excèderait son droit s'il concluait à la fois à l'existence du vice à un moment du délai, et à son inexistence au moment de la vente. Le juge qui adopterait les conclusions du rapporteur sur le premier chef, devrait les repousser sur le second, autrement il se mettrait en contradiction avec la loi. De même le vendeur, qui voudrait soutenir la théorie de l'expert n'obtiendrait pas gain de cause.

4. *Effets de l'action rédhibitoire.*

Lorsque la vente est résolue pour une cause quelconque, et notamment à raison de l'existence, au moment du contrat, d'un vice rédhibitoire, le vendeur est réputé avoir toujours été propriétaire, et l'acheteur ne l'avoir jamais été. Or en réalité le plus souvent, le cheval a été livré, l'acheteur a payé le prix et s'est comporté comme propriétaire de l'animal ; de là sont nées des obligations réciproques à la charge de l'une et de l'autre des parties.

En principe les choses doivent être autant que possible remises dans le même état qu'avant la vente.

A. *Obligations du vendeur*

S'il est de bonne foi, ignorant les vices cachés du cheval lors du contrat, le vendeur n'est tenu qu'à la restitution du prix s'il l'a reçu et au remboursement des frais de la vente.

Il s'agit évidemment du prix réel de la convention, abstraction faite de celui en plus ou moins qu'aurait atteint le cheval dans une revente ultérieure.

La restitution des prix s'étend au capital et aux intérêts courus depuis le jour de la demande en justice (1), art. 1153 C. civ. alinéa final. Il y aurait lieu néanmoins de compenser jusqu'à due concurrence les intérêts, avec les bénéfices et avantages procurés à l'acheteur par le cheval (travail, prix gagnés aux courses, produits). Lorsque pendant l'instance, le cheval a été mis en fourrière, ce qui est fréquent, cette compensation est impossible, parce que l'acheteur n'a retiré aucun avantage du cheval.

Le vendeur de mauvaise foi, c'est-à-dire celui qui connaissait les vices ou ne pouvait pas les ignorer à cause de sa profession, doit les intérêts du prix à partir du jour du paiement : en touchant le prix il a reçu l'indû. Il serait en outre passible de tous dommages-intérêts.

Quant aux frais que le vendeur doit également restituer, ils comprennent tous les déboursés que l'acheteur a été obligé de faire par rapport à la vente du cheval, exclusion faite par conséquent de toutes dépenses non obligatoires. La ligne de démarcation entre ces deux catégories

---

1. Dalloz ; Les intérêts sont dûs à partir du jour du paiement ; Voir Cass., 13 mars 1877, D. 1877, I, 323.

de frais est assez flottante ; une même dépense est susceptible suivant les circonstances d'être classée dans l'une ou dans l'autre catégorie.

En général, le vendeur doit restituer : les frais de voyage et de nourriture de l'acheteur, si celui-ci les a faits uniquement en raison de l'achat du cheval ; le coût du transport du cheval ; les frais de nourriture, sauf compensation avec les services rendus ; les frais de fourrière ; ceux de conservation du cheval, d'expertise et de procédure ; et les indemnités dont l'acheteur serait lui-même, au cas de revente, tenu envers ses propres acquéreurs ; mais non les honoraires de l'intermédiaire dont l'acheteur se serait servi pour le guider dans son choix.

B. *Obligations de l'acheteur*

L'acheteur est obligé de rendre le cheval au vendeur. La remise se fait au lieu où se trouve l'animal au jour du jugement de résolution, sans que l'acheteur soit tenu de le conduire au vendeur ; ce dernier vient le chercher à ses frais, sauf convention contraire. Ainsi l'administration de la guerre a décidé que le vendeur était obligé de reprendre le cheval atteint d'un vice rédhibitoire. au dépôt de remonte du lieu de l'achat.

Le cheval est rendu avec son augment et ses accessoires : équipages, certificat d'origine, etc.; s'il s'agit d'une jument pleine et qui a mis bas chez l'acheteur, elle est rendue avec son poulain.

Lorsque le marché a porté sur plusieurs chevaux destinés à être attelés ensemble, et que la vente a été faite en bloc pour un même prix, de telle sorte que l'acquéreur n'aurait pas acheté un cheval sans ses pareils, la vente, résolue à l'égard d'un des animaux, l'est également à l'égard des autres (1). Elle forme un tout indivisible. La preuve que la vente a été faite dans ces conditions incombe au demandeur; le juge l'exige d'autant plus formelle et plus précise, que les chevaux diffèrent plus par l'âge, l'énergie, la couleur de la robe et la diversité des allures.

Le cheval doit être rendu dans l'état où il a été livré. S'il a subi une détérioration, à raison d'un accident ou d'une maladie, ce fait, survenu par cas fortuit ou force majeure, n'est pas de nature à empêcher l'acheteur d'intenter l'action rédhibitoire ; seulement celui-ci tient compte au vendeur d'une indemnité égale au montant de la dépréciation.

La solution contraire paraît bien s'imposer si la moins value est imputable à l'acheteur. Il existe alors un obstacle à la rédhibition, fondé sur l'obligation corrélative et connexe, du vendeur, de restituer le prix et les frais, et, de l'acheteur, de rendre l'animal dans le même état. L'acheteur s'est mis dans l'impossibilité de remplir son obligation; il ne peut exiger l'exécution de l'obligation du vendeur. C'était l'opinion développée par M. Lherbette, dans

1. Paris, 15 janvier 1890. *Le Droit*, 17-18 février 1890 ; Rouen, 29 octobre 1886, *R. des Arrêts*, Caen et Rouen, 1887, page 1. Voir aussi Cass., 29 mai 1865, D. 1865, I, 362.

son rapport à la Chambre des Députés, en 1838 (1). A la différence de l'acheteur évincé, « l'acquéreur, demandeur
« en rédhibition, n'est pas évincé de la chose ; c'est lui
« qui veut la rendre ; il doit donc la conserver, et s'il ne
« la rend pas telle qu'on la lui a livrée, s'il ne rend pas
« ce qu'il a reçu, il n'a pas à réclamer ce qu'il a donné.
« L'acheteur qui fait subir des détériorations à l'animal
« perd évidemment tout recours contre son vendeur.
« C'est un principe de droit commun, et de simple bon
« sens ».

Dans l'ancien droit, il est vrai, Pothier n'admettait pas cette solution. D'après lui, l'acheteur a droit à l'action rédhibitoire ; il n'est pas déchu du bénéfice que lui procure le jugement parce que le cheval se trouve déprécié. Tant qu'il ignore l'existence du vice, il est fondé à croire qu'il est propriétaire et peut agir en conséquence ; il est donc libre de faire du cheval ce qu'il veut, sauf à indemniser le vendeur du montant de la dépréciation. Cette opinion est partagée par beaucoup d'auteurs (2).

Ces deux solutions opposées se concilient et se justifient sans difficulté. La dépréciation est chose relative, susceptible de plus ou de moins ; si elle est importante (par exemple ; le cheval a subi la castration (3), il est

1. *Moniteur officiel* du 25 avril 1838.

2. Dejean, *Traité des vices rédhibitoires*, 4° édition, n° 63 p. 37. Le Peletier, *Manuel des vices redhibitoires*, p. 54, n° 101 ; Dalloz, *Jur, gén. vices rédhibitoires*, n° 140, p. 75.

3. Domfront, 11 nov. 1891, *Rec. de méd. vét.*, 1892, p. 442. En sens contraire ; trib., Die, 8 avril 1897, *Reç. de médec. vétér.*, 1897, p. 432. Voir même recueil, 1897, pages 511 et 644.

tombé sur les genoux et s'est couronné), l'acheteur n'obtient pas gain de cause dans l'action rédhibitoire, ou, s'il triomphe, sa victoire reste lettre morte, faute par lui de remplir les obligations qu'elle lui impose.

Si la détérioration est légère, elle n'empêche pas le succès de l'action rédhibitoire ; l'acheteur a le droit de rendre le cheval, sauf à lui à indemniser le vendeur du préjudice causé.

Quant à la gravité de la détérioration, elle constitue une question de fait, arbitrée par le tribunal (1).

Nous ferons simplement deux remarques :

Parfois la dépréciation est occasionnée par le fait d'un tiers ; ainsi le cheval est en fourrière, et il lui est arrivé un accident ; ou bien, à la suite d'un repos trop prolongé, le cheval est atteint d'une fourbure aiguë qui passe à l'état chronique. Cela ne saurait empêcher la rédhibition de la vente. Si elle est prononcée, c'est le vendeur qui en subira les conséquences, sauf son recours contre la personne responsable.

Il y a des dépréciations qui peuvent résulter d'améliorations. Exemple : l'acheteur a « fait les crins » du cheval ; cette toilette est une amélioration qui, bien que sans importance, donne au cheval plus d'apparence et de

---

1. M. Conte distingue à cet égard les opérations de nécessité et de convenance qui n'entraînent qu'une modification légère, des opérations graves qui constituent un acte de propriété. Ces dernières seules empêcheraient la résolution de la vente ; Paris, 12 avril 1878, *Rec. de méd. vét.*, 1879, p. 566.

cachet ; elle a l'inconvénient d'être nuisible à la revente en faisant soupçonner que le cheval a été déjà récemment vendu et n'a pas fait l'affaire de l'acheteur (1).

Dans une espèce analogue, il a été jugé également que l'opération de l'anglaisement, d'une pratique courante dans beaucoup d'endroits, est un fait qui, s'il ne diminue pas la valeur du cheval (2), vaut comme acte de propriété et empêche le succès de l'action rédhibitoire (3).

Il y a un cas dans lequel la remise du cheval est matériellement impossible, celui où l'animal est mort depuis la livraison (4).

S'il parvient à prouver que cette mort est due à une maladie qui constitue un vice rédhibitoire, l'acheteur qui s'est mis en règle ne rend que les débris de l'animal, sans pour cela que les obligations du vendeur envers lui soient diminuées. Il en serait de même, si la mort résultait d'un cas fortuit ou de force majeure, à moins que l'acheteur n'eût été mis en demeure de rendre le cheval ; dans cette dernière hypothèse, pour obtenir la restitution du prix, il devrait prouver que, s'il avait remis le cheval au moment où il y était tenu, la mort ne serait pas moins arrivée chez le vendeur.

1. Etampes, 9 juin 1889. *La Loi* du 6 février 1889.

2. En ce sens, Paris, 26 mars 1891, *Rec. de méd. vétér.* 1891, p. 415. En sens contraire, Saint-Lô, 17 novembre 1880. *Rec. des Arrêts*, Caen et Rouen, 1881, p. 109.

3. Voir Dinan, 8 juin 1897, *Rec. de méd. vét.*, 1897, p. 431 ; Caen, 24 décembre 1889, *R. des Arrêts*, Caen et Rouen, 1890, p. 31.

4. Voir A. Conte, *Jurisprudence vétérinaire*. p. 172 et s.

Au contraire, si la mort du cheval est imputable à l'acheteur, le jugement prononçant la résolution de la vente demeure sans effet ; le vendeur garde le prix puisqu'il ne rentre pas en possession, et c'est l'acheteur qui subit la perte.

Section III. — De l'action en réduction de prix

L'action en réduction de prix ou estimatoire est basée, comme l'action rédhibitoire, sur la lésion résultant au préjudice de l'acheteur, de l'existence au moment de la vente d'un vice garanti par la loi ou par la convention ; Mais son objet n'est pas le même. Par son moyen, l'acheteur, loin d'exiger la résolution de la vente, semble au contraire en consacrer implicitement la validité, et en demander le maintien ; il exige seulement la restitution d'une partie de la somme qu'il a payée.

Actuellement l'acheteur d'un cheval a, comme l'acheteur de tout autre animal ou objet, le choix accordé par l'article 1644 du Code civil, entre cette action et l'action rédhibitoire (1). Il n'en a pas toujours été ainsi ; l'action

1. M. J. Gaure (*Les vices rédhibitoires et les maladies contagieuses*, p. 23) est d'avis au contraire que sous l'empire de la loi de 1884 l'acheteur n'a pas le choix entre ces deux actions et qu'il ne peut demander que la nullité de la vente. Cette solution n'est pas conforme aux travaux préparatoires et au texte de l'art. 3 de la loi du 2 août 1884. L'offre par le vendeur de reprendre l'animal sous certaines conditions constitue un obstacle non pas à l'exercice de l'action en réduction, mais à son succès définitif.

en réduction de prix a en effet subi une éclipse dans notre législation.

Elle avait été interdite dans les ventes d'animaux domestiques par une disposition expresse, introduite dans la loi de 1838 (art. 2) par la commission de la Chambre des députés. On craignait de fournir à l'acheteur de mauvaise foi un moyen d'intimider le vendeur par l'appréhension d'un procès et d'obtenir ainsi une réduction non justifiée. L'expérience ne tarda pas à démontrer l'inefficacité et les inconvénients de cette mesure. Lorsque le procès-verbal d'expertise lui était défavorable, le vendeur préférait rendre une partie du prix que de risquer un procès coûteux et incertain ; il y trouvait l'avantage d'éviter les frais quelquefois considérables de reprise de l'animal transporté à une grande distance, et le remboursement des déboursés de l'acheteur. Celui-ci obtenait ainsi indirectement une réduction de prix, bien qu'elle fût expressément interdite. Le but de la loi était manqué.

Aussi en 1884, sur la proposition de la commission du Sénat, on jugea préférable de revenir au droit commun. Il ne fut pas cependant rétabli purement et simplement. Afin de prévenir la spéculation de certains acheteurs qui pourraient être tentés de se procurer la restitution d'une partie de prix sans motif, et afin de mettre le vendeur à l'abri de réductions arbitraires de la part d'experts incapables, l'action ne peut pas être exercée lorsque le vendeur offre de reprendre l'animal vendu en restituant le prix et en remboursant à l'acquéreur les frais occasionnés par la vente, art. 3. L. 2 août 1884.

Ce système concilie d'une manière heureuse les droits des deux parties. L'acheteur n'est plus obligé de renoncer à toute action s'il ne veut pas demander plus qu'il ne juge suffisant pour sauvegarder ses intérêts. Ses droits sont respectés quelle que soit la ligne de conduite adoptée par le vendeur. Quant à celui-ci, il n'a pas à se plaindre puisqu'il choisit en définitive la combinaison qui lui paraît la plus avantageuse.

L'action en réduction de prix est soumise aux mêmes règles et aux mêmes conditions de recevabilité que l'action rédhibitoire ; nous n'y reviendrons donc pas. Ainsi elle doit notamment être intentée dans le délai de l'article 5. Cet article, il est vrai, ne le dit point formellement, et il semblerait même supposer implicitement le contraire, en ne visant que l'action rédhibitoire. Mais les auteurs s'accordent à penser qu'il y a là une incorrection évidente. Les deux actions reposent sur le même principe ; toutes les dispositions de la loi du 2 août 1884 compatibles avec l'action en réduction de prix lui sont applicables. Décider autrement serait aboutir à cette solution inadmissible, que l'action en réduction de prix doit être intentée tantôt dans un délai, tantôt dans un autre suivant l'usage des lieux, résultat en contradiction complète avec les travaux préparatoires de la loi. Le rapporteur à la Chambre des députés déclara en effet, dans la séance du 5 juillet 1888, que le délai de garantie était uni-

formément de 9 ou 30 jours, ce qui vise également l'une
et l'autre action.

Le vendeur connaît l'objet de l'action au moyen de la
signification de la demande, et aussi de la sommation
d'avoir à assister à l'expertise s'il y est appelé. C'est à ce
moment que, s'il veut faire échec à l'action estimatoire, il
doit offrir à l'acheteur de reprendre le cheval ; toutefois
aucun délai ne lui est imposé ; il lui est loisible d'attendre ou non le résultat de l'expertise selon qu'il présume qu'elle lui sera favorable ou défavorable.

L'offre est faite par écrit et contre récépissé ; une offre verbale serait d'une preuve trop difficile. Si l'acheteur refuse de donner acte au vendeur de sa déclaration,
elle se fait par acte extrajudiciaire. L'offre comprend la
déclaration que le vendeur est prêt, à restituer le prix de
vente, avec les intérêts à partir du jour du versement,
et à rembourser toutes les dépenses faites par l'acheteur à
l'occasion de la vente, et justifiées par leur nécessité.

A défaut d'offre par le vendeur, l'action estimatoire
suit son cours. La réduction est arbitrée par les experts,
qui ont reçu cette mission dans l'ordonnance du juge de
paix. Elle est fixée définitivement par le tribunal. Au cas
de contestation sur la suffisance ou l'insuffisance des res-
titutions et remboursement offerts par le vendeur, c'est
encore le juge qui prononce souverainement.

L'acheteur a le choix entre les deux actions rédhibitoire et estimatoire ; il ne saurait par conséquent les intenter en même temps ; mais après avoir intenté l'une

d'elles, il est libre d'y renoncer et d'exercer l'autre, tant qu'il n'est pas intervenu un jugement ou un acquiescement sur la première action mise en mouvement (1), et pourvu qu'il soit encore dans les délais pour agir utilement.

Appendice : *De la fourrière.*

Généralement pendant la durée du litige, mais de préférence au moment où il intente l'action rédhibitoire, l'acheteur se débarrasse de la garde du cheval en le mettant en fourrière. Il évite de cette manière la responsabilité des accidents qui pourraient survenir, et se met à l'abri de toute suspicion de fraude.

La fourrière n'est pas moins favorable au vendeur pour lequel elle constitue une garantie. Bien que choisi par l'acheteur, le dépositaire ne fera rien pour susciter la maladie ou l'aggraver ; il ne pèsera pas sur la décision des experts, et leur donnera des renseignements exacts ; l'expertise se présente dans de meilleurs conditions d'impartialité que s'il y eût été procédé chez l'acheteur.

Cependant la fourrière a un grave inconvénient pour le perdant. C'est celui-ci qui en supporte les frais. Or ces frais sont généralement considérables, et souvent en disproportion avec la valeur du cheval.

1. Guillouard, *Traité de la Vente*, tome I, n° 458 ; Dalloz, *Rép. Vices rédhibitoires*, n°s 147 et 148.

Aussi, lorsque l'action rédhibitoire doit vraisembla-
blement ne recevoir qu'une solution éloignée, serait-il de
l'intérêt des parties d'éviter les frais de fourrière, ou du
moins de couper court à leur augmentation continuelle,
en faisant vendre le cheval au plus tôt, pour le prix en
être ultérieurement versé à qui de droit selon l'issue du
procès. On a pensé à assimiler une telle vente à celle
des effets dépendant d'une succession qui sont susceptibles de dépérissement ou dispendieux à conserver,
et à faire ordonner la vente par le juge des référés en
appliquant par analogie la disposition des articles 796
C. civ. et 987 C. pr. civile.

Cette solution serait en effet assez simple et très
commode ; mais elle n'est pas juridique. L'assimilation
proposée est impossible. Le cheval litigieux est sans doute
dispendieux à conserver en fourrière, mais il ne dépend
pas d'une succession. Or, la règle que l'on veut appliquer ici en la généralisant est une exception ; elle ne
s'applique qu'en raison d'un texte spécial dont l'interprétation est restrictive. En outre, la juridiction du juge
des référés se limite à des mesures provisoires et de
portée temporaire. Or, la vente du cheval, rendue effective par suite d'une ordonnance de référé, serait une
mesure définitive qui dénaturerait d'une façon irrémé-
diable le droit des plaideurs, en transformant le droit
réel du propriétaire actuel en un droit personnel de
créance sur son adversaire. Le président entreprendrait

sur la juridiction du tribunal saisi de l'action rédhibitoire (1).

1. Voir Trib. civ., Mayenne, 6 août 1898. *Gaz. des Tribunaux* du 31 décembre 1898. Dans l'espèce soumise au tribunal, le prix du cheval litigieux n'était que de 140 francs, et les frais de fourrière, s'accumulaient sans cesse ; il y avait déjà eu un jugement du tribunal de paix, et l'affaire était portée en appel devant le tribunal de première instance ; c'est à ce moment-là qu'avait été faite devant le juge des référés, la demande de vendre.

CHAPITRE V

DU CHEVAL ATTEINT DE MALADIES CONTAGIEUSES

Les chevaux qui sont atteints d'un vice rédhibitoire sont l'objet d'une vente valable, bien que l'acheteur ait la faculté, nous le savons, de demander soit la résolution du contrat, soit une réduction du prix. Il est une catégorie de chevaux dont la vente est au contraire absolument interdite, ce sont ceux atteints ou suspects d'être atteints de maladies contagieuses. Nous allons voir :

Quelles maladies de l'espèce chevaline sont contagieuses d'après nos lois?

Les effets de la vente d'un cheval atteint d'une de ces maladies ;

Et les actions auxquelles elles donnent lieu.

I. Enumération des maladies contagieuses

La loi admet pour l'espèce chevaline, trois maladies

contagieuses : la morve, le farcin et la dourine (1), art. 1er, loi du 31 juillet 1895. Ces maladies ne sont pas rares (2).

Morve. — La morve est une maladie spécifique de l'espèce chevaline de la nature des affections éruptives graves, ayant avec la syphilis de l'homme de grandes analogies de formes antérieures.

Elle est caractérisée par un engorgement des glandes de la ganache, par des ulcérations de la cloison nasale, et par un écoulement jaunâtre d'un seul ou des deux côtés du nez.

Ce mal terrible se développe sous l'influence de nombreuses causes ; ainsi, la mauvaise nourriture, les habitations malsaines, la viciation de l'air, les travaux continuel, les grandes fatigues alternant avec une longue inaction sont les principales circonstances qui jouent le rôle de causes, et on les trouve presque toujours réunies ensemble.

La morve possède la funeste propriété de se transmettre, soit par inoculation, par injection, et même par simple contact, non seulement du cheval à d'autres ani-

1. Pour les détails techniques complets de ces maladies, voir V. Galtier, *Traité des maladies contagieuses et de la police sanitaire des animaux*, 2e édition, 1896.

2. D'après le bulletin sanitaire, publié par le *Recueil de médecine vétérinaire*, il y aurait chaque mois en France une moyenne de 70 écuries placées sous la surveillance de l'administration, et de 130 chevaux atteints de morve et de farcin et abattus comme inguérissables.

maux, mais aussi du cheval à l'homme (1). Toutes les personnes chez lesquelles on a observé cette maladie avaient été par leur profession ou par leurs études, en rapport habituel avec des chevaux morveux ; c'étaient des palefreniers. des élèves ou des médecins vétérinaires.

Si la morve est quelquefois mais très rarement curable chez le cheval, elle ne l'est jamais chez l'homme qui succombe après quinze ou vingt jours d'atroces souffrances.

Farcin. — Le farcin est une maladie de même nature que la morve qui consiste dans une inflammation suivie de ramollissement ulcéreux des ganglions et vaisseaux lymphatiques superficiels, ainsi que du tissu sous-cutané. Comme la morve c'est une maladie très grave supposant d'anciennes lésions.

Les refroidissements, les habitudes malsaines. les aliments de mauvaise qualité ou dont la quantité n'est pas proportionnée aux exigences de la réparation, le travail excessif, le défaut d'aptitude des chevaux aux services que l'on réclame d'eux, l'hérédité, la contagion sont les circonstances successivement invoquées comme prédisposantes ou déterminantes du farcin.

La morve et le farcin paraissent avoir des éléments générateurs identiques ; les symptômes seuls établiraient une différence entre eux ; sur un même fond, c'est un revêtement différent.

1. Sur la responsabilité du propriétaire du cheval, voir Paris, 29 avril 1897 ; D. 97, II, 271, et en note, Pau, 18 novembre 1875.

Le farcin se communique non seulement du cheval à l'homme, mais de l'homme à l'homme. Les individus en contact avec des animaux malades ne sauraient donc jamais prendre trop de précautions contre ce mal terrible.

La ressemblance de ces maladies les a fait traiter de la même manière tant au point de vue de la rédhibition, qu'au point de vue des règlements de la police sanitaire.

Elles se propagent avec la plus grande rapidité ; il suffit d'un cheval atteint de ces maladies, pour que tous les autres avec lesquels il est en contact, en soient immédiatement infestés. Voilà pourquoi la loi du 2 août 1884, article 11 dispense de garantie le vendeur qui parvient à prouver que depuis la livraison, le cheval par lui vendu a été mis en contact avec des animaux atteints de ces maladies (1).

Dourine. — La dourine appelé souvent syphilis équine est au cheval étalon ce que la syphilis est à l'espèce humaine.

Les chevaux qui en sont atteints sont marqués à la joue gauche. Il est défendu de les livrer à la reproduction ; ils sont placés sous la surveillance d'un vétérinaire délégué par le préfet et y demeurent pendant toute la durée de la maladie ; les mesures édictées et les précautions prises ne sont levées qu'une année entière après la guérison ; toutefois en cas de castration, la surveillance cesse de plein droit.

1. Voir page 124.

Cette liste, comme celle d'ailleurs des vices rédhibitoires, est limitative ; il n'y a pas lieu d'y ajouter, quelque graves que puissent être les maladies dont serait atteint le cheval vendu, fussent-elles transmissibles par la contagion. Ainsi, un cheval atteint de tuberculose peut faire l'objet d'une vente valable, car la tuberculose n'est pas considérée par la loi comme une maladie contagieuse pour l'espèce chevaline.

Et cependant la tuberculose est transmissible au cheval quoique rare chez cet animal. Cela résulte de l'expérimentation et de l'observation clinique, et c'est l'opinion de beaucoup d'auteurs.

Le diagnostic de cette maladie est plus difficile, et ses ravages sont moins connus et moins certains, chez le cheval que dans l'espèce bovine. Mais à mesure que le champ de la science médicale et vétérinaire s'élargit, et qu'on arrive à mieux connaître ce fléau, il est de moins en moins téméraire d'affirmer que, dans un avenir prochain, la tuberculose sera admise comme maladie contagieuse même pour l'espèce chevaline.

Quoi qu'il en soit de la tuberculose équine, les maladies contagieuses ont toujours eu et ont toujours, au point de vue la police sanitaire comme au point de vue physique, les conséquences les plus graves.

Une ordonnance du 3 juillet 1763 prescrivait l'abatage des animaux atteints de morve présentés aux marchés de Paris ou de la banlieue ; et une autre ordonnance du 16 juillet 1784 imposait aux vétérinaires, sous peine de 500 livres d'amende, l'obligation de déclarer à l'autorité municipale les chevaux chez lesquels ils auraient constaté des maladies contagieuses.

La loi actuellement en vigueur, 21 juillet 1881, étendue à l'Algérie par décret du 17 novembre 1887, a aboli toutes ces dispositions, mais elle repose sur le même principe.

Les chevaux atteints ou soupçonnés d'être atteints de ces maladies doivent être immédiatement isolés, et il est interdit de les laisser communiquer avec d'autres. Leur détenteur est tenu de déclarer (1) sur-le-champ la maladie au maire de la commune où se trouve l'animal. La même obligation est imposée au vétérinaire qui serait appelé à le soigner. Si la maladie est jugée incurable par le vétérinaire délégué, le cheval est abattu sur l'ordre du maire.

En outre, les maladies contagieuses ont des conséquences civiles : la vente de ces chevaux est interdite.

II. Effets de la vente d'un cheval atteint ou suspect de maladie contagieuse.

Il est interdit de vendre les chevaux atteints de maladie contagieuse ou suspects. Ils sont hors de commerce.

1. La déclaration est obligatoire dès lors qu'il y a simple soupçon. Le détenteur ne peut s'en dispenser sous le prétexte que des vétérinaires par lui appelés ont déclaré que l'animal n'avait pas les symptômes de la maladie ; Cass., 9 juillet 1898, *Gaz. des Tribunaux*, 17 juillet 1898 ; et Interpellation à la Chambre des députés, séance du 2 mars 1899 ; *J. Off.*, 3 mars 1899 ; *Débats parlem.*, Chambre, p. 603 à 605.

Il y a à cela une raison d'ordre public et de salubrité ;
les maladies contagieuses constituent un véritable danger ; il importe de le combattre. Or, loin de contribuer à ce
résultat, le commerce des chevaux malades serait un
excellent moyen de propagation du mal. Leurs ventes seraient d'autant plus nombreuses que chacun voudrait s'en
débarrasser à n'importe quel prix ; c'est ce que la loi a
voulu éviter.

Malgré l'interdiction, cependant, la vente des chevaux
atteints ou suspects se pratique quelquefois. Il y a à cela
plusieurs raisons. Le détenteur du cheval ne veut pas
attirer l'attention sur son écurie ; il craint l'application
des mesures compliquées de l'administration, tant pour
lui que pour ses voisins qui seront sans doute englobés
dans la même surveillance ; il évite que l'on sache qu'il
a un cheval malade, et essaie de s'en défaire au plus tôt,
et, comme il ne veut pas faire une perte sèche, il vend à
quelque prix que ce soit. L'acheteur, qui n'a pas tout
d'abord su diagnostiquer la maladie, mais s'en aperçoit à
son tour, procède comme l'a fait son vendeur, en sorte
qu'il n'est pas téméraire d'affirmer que, de deux chevaux
l'un atteint, l'autre indemne d'une maladie contagieuse,
c'est ce dernier qui, toutes proportions gardées, a le plus
de chances de faire l'objet d'un contrat de vente.

Cette vente, faite contrairement aux dispositions de la
loi, est sans valeur. D'après le texte de l'article 13. L. 21
juillet 1881, elle est « nulle de droit ». Cette expression
signifie que, l'existence de la maladie au moment de la

vente étant démontrée, le juge est tenu de prononcer la nullité du contrat, sans avoir à examiner aucune autre question, et notamment le point de savoir si le cheval a été ou non au préalable placé sous la surveillance administrative (1), ou si le vendeur a été de bonne ou mauvaise foi.

Beaucoup d'auteurs admettent que la vente est inexistante faute d'objet, art. 1108 C. civ. (2). Il a été répété maintes fois en effet pendant la discussion des lois de 1881 et 1895, que l'animal est mis hors du commerce, et que, s'il est vendu, la vente est non avenue et doit être considérée comme n'ayant pas eu lieu.

Si cette théorie est exacte, il n'y a pas besoin de prononcer la nullité de la vente ; on n'annule pas le néant. En outre, la vente n'existant pas n'est susceptible d'aucune confirmation expresse ou tacite ; elle ne sera jamais valable. Or la loi décide précisément le contraire sur ces deux points, car il n'est pas douteux que la nullité quoique existant de plein droit, doit être prononcée en justice, et que, faute par l'acheteur de demander cette nullité dans

1. Il semble que la loi ne subordonne le succès de l'action à la déclaration préalable qu'au cas de tuberculose ; Pau, 2 avril 1896, *Gaz. des Tribunaux*, 19 avril 1896. En sens contraire, Lorient, 5 juin 1895, D. 1897, II, 52.

2. Albert Tissier, *Lois Nouvelles*, Simonet, 1896, p. 45 et s., *Journal du Palais*, 1896, II, 105 ; Dalloz, 1888, V[e] partie, p. 174 et note ; Galtier, *Précis de législation commerciale*, 2e édition, p. 106 ; Brugalières, Thèse de doctorat, Toulouse, p. 64. Voir également note 4 dans Dalloz, 1893, II, page 73.

un court délai déterminé par les textes, la vente est inattaquable.

Ces dispositions légales sont en contradiction absolue avec la théorie de l'inexistence.

Les textes disposent : que la vente qui nous occupe est « interdite » (1) c'est-à-dire prohibée dans l'intérêt public et ce sous des peines correctionnelles ; et que, si elle a lieu, elle est « nulle de droit » (2) c'est-à-dire annulable en justice sans droit d'appréciation du juge ; mais non pas que la vente est inexistante faute d'objet. La confusion vient de ce que, au cours des travaux préparatoires, il a été dit que les animaux malades ou suspects étaient mis hors du commerce. Si le législateur a voulu admettre ce principe, il ne l'a pas consacré législativement avec toutes les conséquences logiques qu'il comporte ; il s'en est écarté, aussitôt l'avoir posé, en exigeant l'intervention de la justice dans un délai déterminé.

La nullité de la vente n'est même pas absolue en ce sens qu'elle peut être demandée seulement par l'une des parties, l'acheteur, et non par le vendeur.

La question d'ailleurs n'offre guère d'intérêt ; il n'existe aucun désaccord sur l'application pratique que le législateur a pris soin de régler minutieusement.

1. Loi, 21 juillet 1881, art. 13, al. 1er.
2. Art. 13. loi, 21 juillet 1881, complété par la loi du 31 juillet 1895, art. 1er.

III. Moyens d'attaquer la vente.

La vente donne lieu à deux actions : l'action civile en nullité du contrat, et l'action publique répressive du délit d'infraction à la loi. Il n'y a pas d'action en réduction de prix.

1° *Action en nullité.*

L'action civile en nullité a soulevé, sous l'empire de la législation antérieure à la loi de 1895, de nombreuses controverses. Deux des maladies contagieuses en effet figuraient également dans la nomenclature des vices rédhibitoires. L'acheteur avait le choix d'agir en rédhibition ou en réduction de prix, en suivant les règles de la loi du 2 août 1884, ou bien d'agir en vertu de la loi de 1881 et conformément à ses dispositions. Il y avait pour la même maladie du cheval deux actions distinctes ayant une procédure et des délais différents.

On se demandait principalement si la nullité de la vente pouvait être fondée sur la loi de 1881, et, au cas d'affirmative, dans quel délai l'intenter, et s'il importait que le vendeur fût de bonne ou mauvaise foi.

Pour les uns, la loi du 2 août 1884 seule était applicable (1), car elle a pour but de régler des intérêts civils au

1. Tissier dans Simonet, *Lois nouvelles*, 1896, 1ʳᵉ partie, p. 48.

lieu que la loi de 1881 serait exclusivement une loi de police et pénale.

Pour les autres, cette dernière loi n'est pas exclusivement pénale, puisque sur 41 articles, 6 seulement édictent des pénalités ; sa sanction étant plus énergique que celle de la loi de 1884, le demandeur pouvait y recourir de préférence (1).

Actuellement les règles de l'action en nullité sont certaines. Un délai est fixé pour l'intenter. Il n'importe pas que le vendeur soit de bonne ou mauvaise foi. La preuve de la maladie incombe au demandeur.

1° *Délai.*

L'obligation d'agir dans un certain délai a pour but de mettre le vendeur à l'abri d'une incertitude trop prolongée sur les suites du marché conclu, et d'éviter des actions récursoires, lentes et coûteuses. Elle a en outre l'avantage de mettre l'acheteur en garde contre un retard qui serait préjudiciable à ses propres intérêts en rendant plus difficile la preuve de la maladie.

L'utilité du délai est surtout manifeste pour le vendeur. Car avant la loi de 1895, alors qu'aucun délai n'était établi, l'acheteur, ainsi qu'on l'a fait remarquer dans la discussion aux chambres, ne tardait jamais à agir: s'il avait attendu il aurait eu à redouter la propagation du mal à d'autres animaux, et, en cas de mort, la difficulté de la preuve.

1. Guillouard, *Traité de la vente*, II, n° 578.

La durée du délai varie suivant une double distinction.
Il y a ou non poursuite du ministère public. Le cheval a
été abattu ou il ne l'a pas été.

1re *hypothèse*. — S'il n'y a pas poursuite du ministère
public, et si le cheval n'a pas été abattu, le délai est de
45 jours à partir du jour de la livraison (1). Si le cheval
a été abattu, ce délai est réduit à 10 jours à partir du
jour de l'abatage, sans que toutefois l'action puisse être
intentée après l'expiration du délai de 45 jours. Ainsi, le
cheval a été abattu le 46ᵉ jour de la livraison, l'action
est impossible, quoique le délai de 10 jours après l'abatage
ne soit pas expiré. A l'inverse, le cheval a été abattu le
12ᵉ jour de la livraison, le demandeur est déchu du droit
d'agir à partir du 23ᵉ jour de cette même livraison (2).

1. Le Sénat avait d'abord adopté le délai de 90 jours.

2. Dans le texte de la loi du 31 juillet 1895, publié au *Journal
officiel*, il se glissa une erreur. Le 2ᵉ paragraphe de l'article 1ᵉʳ de
la loi y était ainsi conçu : « Néanmoins aucune réclamation de la
« part de l'acheteur pour raison de ladite nullité ne sera rece-
« vable lorsqu'il se sera écoulé plus de 45 jours depuis le jour de la
« livraison, *s'il y a* poursuite du ministère public ». Il devait l'être
ainsi, « .... *s'il n'y a pas* poursuite du ministère public. » La néga-
tion était supprimée. Ainsi rédigé, le texte signifiait que les règles
qui viennent d'être exposées s'appliquaient précisément au cas
inverse, à la 2ᵉ hypothèse. Or, celle-ci est réglementée par le paragraphe 3 de l'article dont les dispositions sont en contradiction
avec les précédentes. La loi n'avait aucun sens. Elle n'avait prévu
qu'un seul cas sur deux, et pour l'avoir prévu deux fois, elle était
incompréhensible. Les travaux préparatoires et la discussion aux
Chambres prouvent surabondamment que le *Journal officiel* contenait une simple erreur matérielle à laquelle il y a d'autant moins

La réduction du délai en cas d'abatage s'explique par la nécessité de procéder à des constatations rapides ; l'autopsie en effet ne fournit de preuves concluantes qu'autant qu'elle est pratiquée avant la période de décomposition avancée.

Quant à la supputation du délai, elle se fait d'après le droit commun que nous avons rappelé plus haut à propos de l'action rédhibitoire (1).

Le délai fixé par la loi a été critiqué dans son existence et dans sa durée. Nous n'insisterons pas sur ce dernier point car l'auteur de la critique (2), qui proposait de ramener le délai à dix jours, avait en vue spécialement le cas d'un animal atteint de tuberculose ; or la loi ne reconnaît pas la tuberculose comme maladie contagieuse de l'espèce ehevaline.

Quant à la suppression complète du délai, M. Darbot qui s'est fait le champion de ce système la revendique pour des raisons à la fois expérimentales et juridiques.

Les lois sur la police sanitaire datent d'un Décret du Conseil du Roi de 1770, et jusqu'en 1881, elles ont fonctionné sans autre délai que la prescription ordinaire, et personne ne s'était plaint de l'absence de délai. En outre, la vente de l'animal malade est nulle puisqu'elle est interdite. Elle reste indéfiniment nulle ; le contrat n'ayant

lieu de s'arrêter qu'elle a fait l'objet d'un erratum au *Journal officiel. Gaz. des Tribunaux*, 21 novembre 1895, p. 1147.

1. Page 134.

2. M. Milliès Lacroix, Sénat, séance du 11 juin 1898, *J. off.*, Sénat, p. 726 ets.

pu se former ne peut produire effet par la suite, et venir
à l'existence à un moment donné parce que la justice
n'a pas été mise en mouvement à temps. L'idée de justice
écarte l'idée de délai pour intenter l'action. Le délai est
empirique et arbitraire ; il devrait correspondre exactement à la période d'incubation de la maladie ; or les faits
prouvent que cette période elle-même est variable ; la
morve peut se déclarer quinze jours après le moment de
la contagion ou trois mois après.

A notre avis, s'il est une règle qui s'impose c'est le
maintien du délai et non sa suppression. Le fait qu'on ne
l'a pas réclamé avant la loi de 1881 ne prouve pas qu'il
soit inutile ; la nullité du contrat de vente n'existe d'ailleurs que depuis cette loi. En outre, il n'est pas vrai de
poser en règle générale que l'idée de justice écarte l'idée
de délai pour intenter l'action. Toute la théorie de la
prescription et des nullités repose sur une idée contraire.
Sans doute le délai est empirique et arbitraire, mais le
moyen qu'il en soit autrement ? Ce reproche est commun
à tous les délais. Il suffit que les 45 jours laissent à
l'acheteur assez de temps pour se renseigner et prendre
conseil avant d'engager l'instance. Le législateur a adopté
comme durée celle indiquée comme préférable par la
Société des Agriculteurs de France et le comité des
Epizooties. C'est une bonne raison pour ne pas la modifier.

2ᵉ hypothèse. — Lorsqu'il y a poursuite du ministère

public, la prescription n'est opposable à l'action civile que conformément aux règles du droit commun ; en d'autres termes, l'action en nullité est permise aussi longtemps que l'action publique au sort de laquelle elle est intimement liée. On devait nécessairement restreindre l'application du délai préfix au cas où l'action publique ne serait pas mise en mouvement, cela d'autant plus que l'action civile est, par elle-même, de nature à prêter un concours actif à la répression, qu'elle assure et qu'elle aide des moyens de preuve qui lui sont propres et dont seule le plus souvent elle dispose.

L'acheteur peut dénoncer le fait de la vente au ministère public qui poursuivra le vendeur en police correctionnelle pour infraction à la loi sanitaire ; et il se porte alors partie civile, et joint son action en nullité, et aussi en dommages-intérêts s'il y a lieu, à la poursuite du ministère public.

Si le ministère public reste inactif et ne tient pas compte de la dénonciation de l'acheteur, celui-ci intente une poursuite correctionnelle en portant à la fois l'action publique et l'action civile devant le tribunal correctionnel, et en ce cas le ministère public est forcé d'intenter l'action pénale.

Au lieu d'exercer les deux actions en même temps, l'acheteur peut les exercer séparément : laisser juger l'action publique sans y joindre sa demande en nullité, et, l'action publique une fois jugée et le vendeur condamné pour infraction à la loi sanitaire, porter son action en nullité et en dommages-intérêts devant le tribunal civil du domicile de son co-contractant.

L'action en nullité et l'action civile en dommages-intérêts se prescrivent alors comme l'action pénale par trois ans du jour de la vente.

En laissant expirer le délai sans agir, l'acheteur renonce tacitement à intenter l'action en nullité. Une renonciation expresse de sa part alors que le délai n'est pas expiré produirait le même effet. L'action en nullité n'est pas obligatoire pour l'acheteur, c'est une faculté : il peut y renoncer. Cette solution n'est pas en harmonie avec le principe de mise hors du commerce ; mais nous savons que ce n'est pas la seule conséquence logique du point de départ devant laquelle le législateur a reculé.

2. *De la bonne ou mauvaise foi du vendeur*

Le succès de l'action en nullité est complètement indépendant de la bonne ou de la mauvaise foi du vendeur. L'acheteur n'a pas à établir que son vendeur connaissait ou soupçonnait au moment du marché l'existence de la maladie contagieuse.

Avant la loi de 1895, ce point fut l'objet d'une importante controverse en doctrine et en jurisprudence (1). Cependant la Cour de Cassation et l'opinion générale pa-

---

1. Cass. civ., 20 juillet 1892 ; D. 1893, I, 20 ; note dans Dalloz, 1893, II, 73 ; Cass., 23 janvier 1894, S. 1894, 1, 328. En sens contraire, Gray, 9 novembre 1886 et Trib. comm., Seine, 12 février 1887. D. 1888, V, 274 et 275.

raissaient fixées en ce sens que la vente était toujours
nulle même faite par une personne de bonne foi.

Aucun doute ne saurait maintenant subsister. L'un des
buts que s'est proposé le législateur en 1895 a été précisément de trancher cette controverse, en consacrant législativement les solutions adoptées par la cour de cassation : « La vente est nulle de droit que le vendeur ait
« connu ou ignoré l'existence de la maladie dont son ani-
« mal était atteint ou suspect ». Loi du 31 juillet 1895
art. 1er.

Mais l'existence de la mauvaise foi qui n'a aucun intérêt en ce qui concerne la valadité du contrat de vente
importe à deux autres points de vue. Elle justifie l'allocation de dommages-intérêts (1), et expose le vendeur à
l'action pénale.

3. *Preuve*

La preuve de la maladie contagieuse incombe à l'acheteur. Elle constitue pour lui une charge assez lourde,
car il est tenu de la faire directement dans tous les cas.
Le législateur n'a établi en sa faveur aucune présomption analogue à celle relative aux vices rédhibitoires.

Quant à l'étendue de la preuve, il faut, mais il suffit,
qu'au moment de la vente, la maladie existât à l'état
d'incubation ou déjà développée, ou que l'animal fût suspect.

1. Note dans Sirey, 1891, II, p. 242.

La preuve de la maladie se fait par tous moyens, l'expertise n'étant pas de rigueur. Celle de la mauvaise foi résulterait même de simples présomptions. Elle serait établie par exemple s'il était démontré que le vendeur a fait nettoyer les naseaux d'un cheval morveux avant de l'exposer en vente, ou qu'il savait que le cheval avait été en contact avec d'autres chevaux morveux, ou provenait d'une écurie où régnait la morve.

Comparée avec l'action rédhibitoire, l'action en nullité s'en rapproche en ce qu'elle n'est recevable que dans un bref délai, mais dont la durée est plus longue et uniforme; et elle en diffère en ce que le demandeur est toujours obligé de faire la preuve de la maladie lors de la vente. L'expertise préalable et l'appel du vendeur à l'expertise non plus ne sont pas de rigueur. L'idée émise par M. Demôle au Sénat d'imposer la visite d'un vétérinaire diplômé comme condition de recevabilité de la demande n'a pas été prise en considération.

La nullité de la vente étant prononcée, il y a lieu d'exécuter le jugement. Si le cheval a été livré à l'acheteur peut-il être déplacé et ramené chez le vendeur ?

La question ne se pose pas lorsque le cheval est déjà mort ou lorsqu'il a été abattu. S'il est vivant et atteint d'une maladie qui nécessite l'abatage, par exemple en cas de morve constatée, le cheval n'est pas déplacé, mais il est abattu chez l'acheteur aux frais du vendeur.

Si le cheval est seulement suspect, il peut être ramené chez le vendeur aux frais de celui-ci.

Dans tous les cas, quelle que soit la maladie, le déplacement se fait en vertu d'une autorisation régulière et sous les conditions prévues par la législation sanitaire. L'autorisation est donnée sur l'avis du service sanitaire par le préfet, et le maire délivre un laissez-passer.

Si l'administration refuse l'autorisation, les mesures que comporte la maladie du cheval et son état sont appliquées chez l'acheteur aux frais du vendeur, à moins que celui-ci n'aime mieux, pour éviter ces frais et ces ennuis, faire abattre le cheval en vue d'en tirer parti (1).

2° *Action pénale*

Non seulement la vente d'un cheval atteint de maladie contagieuse est nulle au point de vue du contrat civil, mais elle est un acte prohibé et constitue un véritable délit.

Il n'en est ainsi que depuis la loi du 21 juillet 1881. Auparavant l'article 459 du Code pénal ne faisait pas de cette vente un délit puisqu'il ne l'interdisait pas.

L'infraction existe de la part de quiconque vend ou met en vente un cheval qu'il sait atteint ou soupçonne d'être atteint d'une maladie contagieuse.

Elle suppose trois conditions qui forment les éléments du délit : le fait de la vente, l'existence ou le

1. Décret du 22 juin 1882.

soupçon de la maladie, et la mauvaise foi du vendeur.

Ces éléments sont les seuls. La loi n'exige pas notamment : que l'inculpé soit propriétaire du cheval, ou que celui-ci ait été préalablement, comme des auteurs l'admettent quant aux bovidés tuberculeux, placé sous la surveillance administrative par arrêté préfectoral (1). Il ne faut pas ajouter au texte. Il y aurait également délit dans le fait de vendre de la viande provenant d'un cheval abattu en conformité des lois sanitaires.

Le fardeau de la preuve est à la charge du ministère public (2). Le doute bénéficie à l'inculpé.

La pénalité consiste dans l'emprisonnement et l'amende. L'emprisonnement est d'une durée de 2 mois à 6 mois, et l'amende d'une somme de 100 à 1.000 francs, quand la vente ou mise en vente ont eu pour objet un cheval malade vivant. S'il s'agit d'une vente de viande provenant d'un cheval malade ou suspect ou abattu comme tel, l'emprisonnement varie de 6 mois à 3 ans, et l'amende de 1.000 francs à 2.000 francs. Il en est de même du fait délictueux qui a été une cause de contagion pour d'autres animaux.

L'infraction qui nous occupe n'est pas rare, sa répression l'est davantage. Cela tient surtout à l'insuffisance du service d'inspection, et à la difficulté de prouver la mauvaise foi du vendeur.

1. Cass., Crim., 2 avril 1896, *Pand. fr.*, 1896, mot Epizootie, p. 93.
2. Trib. St-Julien, 24 janvier 1895, *Pand. fr.*, 1896, II, 119.

La législation des maladies contagieuses est d'ordre public. Elle est au-dessus des conventions des parties qui ne peuvent ni se soustraire à son application ni la modifier aucunement. On ne pourrait pas convenir par exemple que le vendeur ne devra pas garantie des maladies contagieuses, ou que la vente du cheval qui en est atteint sera valable. En cette matière il n'est pas question de garantie conventionnelle, car la clause de garantie est l'accessoire du contrat de vente, or la vente est nulle de droit.

Nous allons voir au chapitre suivant que c'est le principe contraire qui domine en matière de vices rédhibitoires.

CHAPITRE VI

DE LA GARANTIE CONVENTIONNELLE

Sous l'empire de la loi de 1838, on se demandait si les parties pouvaient par leurs conventions déroger aux dispositions légales sur la garantie, et dans quelles limites. On reconnaissait volontiers la validité d'une clause extensive de la garantie; mais il y avait des auteurs qui estimaient que toute clause restrictive était frauduleuse, parce que le vendeur était légalement présumé connaître le vice (1).

Actuellement le doute n'est plus possible : la loi du 2 août 1884 est une loi interprétative de volonté; elle ne dispose qu'à défaut de conventions contraires. L'article 1er le dit expressément, et l'article 2 le laisse supposer en renvoyant aux articles 1641 et suivants du Code civil, ce qui comprend un renvoi notamment à l'article 1643, d'a-

1. Galisset et Mignon, *Traité des vices rédhibitoires*, n° 235; Dejean, n° 29.

près lequel les parties peuvent stipuler une clause de non garantie.

Les contractants sont libres de déroger à toutes les dispositions de la loi qui ne sont pas d'ordre public. Ils peuvent, soit restreindre la garantie ou même la supprimer, soit l'augmenter.

1° *Restriction de la garantie.*

La restriction de la garantie est d'étendue variable, susceptible de plus ou de moins, au gré des parties.

Il y a toutefois une limite : le vendeur ne peut s'affranchir en principe de la garantie d'un ou plusieurs vices, qu'à la condition d'ignorer leurexistence au moment de la vente, c'est-à-dire d'être de bonne foi.

Cette règle est assez simple ; ce qui l'est moins, c'est d'établir que le vendeur ignorait ou connaissait le vice. La charge de la preuve incombe à l'acheteur qui peut la faire par tous moyens, mais n'est favorisé à cet égard d'aucune présomption légale. Il est impossible, en effet, de soutenir que le vendeur est présumé avoir connu le vice, et par suite que la stipulation de non garantie a été faite en vue de tromper l'acheteur. La loi présume que le vice, par cela seul qu'il se manifeste dans le délai, existe au moment de la vente, mais elle ne présume pas, ce qui est bien différent, que le vendeur en avait connaissance.

Le vendeur est censé être de bonne foi si l'on ne prouve le contraire. Cette preuve serait facilitée lorsque le vice offre

des caractères d'ancienneté, de permanence et de visibi-
lité qui ne laissent guère de doute sur son existence.

Est-ce à dire que le vendeur qui sait le vice rédhibitoire
dont est atteint son cheval, n'ait aucun moyen de s'exo-
nérer de la garantie de ce vice ?

Non ; il a un moyen : dévoiler le vice à l'acheteur. Cependant il ne lui suffirait pas d'énoncer simplement le
vice et de dire : « Je vous vends mon cheval sans le garantir contre le cornage ». L'annonce doit être faite sans
équivoque. Exemple : « Mon cheval est corneur, je vous
le vends sans le garantir pour le cornage. » En cas
de contestation sur la suffisance ou l'insuffisance de
l'avertissement, le litige et de la compétence du juge
de fait.

Lorsqu'un vice rédhibitoire autre que celui qui a fait
l'objet de la stipulation de non garantie vient à se mani-
fester, il est évident que l'action rédhibitoire est possible
à raison de ce vice. La restriction est une dérogation à la
loi, elle s'interprète, le mot l'indique, restrictivement.

2° Suppression de la garantie.

La suppression conventionnelle de la garantie met les
parties dans une situation analogue à celle qui leur est
faite en vertu de la loi, lorsque la vente a lieu par autorité de justice ou que le prix ne dépasse pas cent francs.
Toutefois, il y a cette différence que, la dispense de garantie étant légale, le vendeur n'est garant d'aucun vice,

même de ceux qu'il connaissait et n'a pas dévoilés, au lieu que, si la dispense est conventionnelle, elle ne vaut qu'à raison des vices ignorés du vendeur, ou qu'il a dévoilés s'il les connaissait, ou encore qu'il prouve avoir été connus de l'acheteur (1).

Lorsqu'il y a suppression conventionnelle de la garantie, le marché prend un caractère aléatoire. L'acheteur consent à assumer tous les risques, mais il paie un prix moins élevé, cela fait compensation. L'acheteur ne saurait prétendre que s'il eût connu le vice il n'aurait pas acheté ou qu'il aurait payé un prix moindre. La clause de non garantie à dû éveiller ses soupçons et le rendre circonspect.

L'exclusion totale de la garantie est peu fréquente. En Bretagne pourtant les marchands et les cultivateurs ont coutume de vendre leurs chevaux sans garantie des vices cachés.

De même, dans les ventes publiques aux enchères faites par un commissaire-priseur ou tout autre officier ministériel, il est fréquent d'insérer dans le cahier des charges une clause dans le même sens. Les amateurs en sont avertis avant la vente. C'est là une règle à Caen pour les chevaux vendus à la porte de la halle les jours de marché.

Il est possible que l'acheteur n'ait pas entendu proclamer au début de l'adjudication les conditions de la vente. A-t-il droit à garantie ? Est-il fondé à prétendre

1. Voir Seine, 9 octobre 1883, D. 1864. III, 22.

que le prix élevé de l'achat n'a été atteint que parce qu'il
croyait acquérir un cheval garanti des vices rédhibitoires? Non, il aurait en arrivant en retard un moyen indi-
rect de se soustraire aux obligations de l'adjudication.
Il pouvait prendre connaissance du cahier des charges;
l'avertissement de l'officier public qui procède à la vente
est un rappel volontaire et bienveillant (1).

L'administration des domaines également, qui vend les
chevaux réformés de l'armée, exonère toujours l'Etat de
la garantie des vices.

3° *Extension de la garantie.*

Les clauses extensives de la garantie sont plus fré-
quentes que celles qui la restreignent ou la suppriment.
Elles sont très variées.

Leur objet est souvent d'accorder à l'acheteur une prolongation des délais légaux, celui de la présentation de
la requête à fin d'expertise, celui de l'assignation, ou
tout autre délai de déchéance. Il importe de préciser la
durée exacte de la prolongation. Quant à l'augmentation
à raison des distances, elle n'en continue pas moins de
s'appliquer.

Supposons le délai de neuf ou trente jours prolongé,
la présomption, d'après laquelle le vice qui s'est manifesté dans le délai est réputé avoir existé au moment de

1. Trib. comm., Lyon, 30 juillet 1852, *Jurispr. Vétérinaire*, Rey,
p. 263.

la vente, reçoit-elle quand même son application ? L'opinion affirmative, qui est celle de M. Galtier (1), paraît assez vraisemblable. Les parties ont dérogé à une seule chose : la durée du délai ; la présomption d'antériorité n'a pas été écartée ; elle subsiste donc avec toute sa force. Ce raisonnement est critiquable. La question n'est pas de savoir si la présomption a été écartée ; mais si elle s'applique. Or, dans notre hypothèse, elle n'a pas la même raison d'être que dans le cas prévu par la loi. Elle ne se comprend qu'en raison de la brièveté du délai qui est son fondement et sa mesure. Par conséquent elle perd de sa valeur si le délai légal est prolongé, car elle a dans ce cas moins de chances d'être conforme à la vérité. Si la prolongation du délai est importante, la présomption disparaît et le demandeur est tenu de prouver l'existence de la maladie au moment du contrat.

D'autres fois, les parties stipulent la garantie pour des cas dans lesquels la loi ne l'accorde point. Exemple : elles étendent l'application de la garantie à la vente d'un cheval dont le prix est de cent francs ou moindre ; ou bien, à un vice nominativement désigné et qui n'est pas compris dans l'énumération légale ; ou encore, à plusieurs vices, ou même à tous les vices ou défauts quelconques, physiques ou moraux, dont serait atteint le cheval.

D'autres fois enfin, les parties conviennent que la garantie sera régie par le droit commun du Code civil et non par la loi du 2 août 1884.

1. *Traité de législation commerciale,* 2ᵉ édition, p. 128.

Dans toutes ces hypothèses, le vendeur doit garantie des vices cachés. Il n'est tenu des vices apparents qu'en vertu d'une stipulation formelle.

L'extension de la garantie, au lieu d'être négative, c'est-à-dire d'avoir pour objet l'absence d'un défaut chez le cheval, est non moins souvent positive, c'est-à-dire qu'elle concerne des qualités dont l'acheteur exige l'existence chez l'animal.

La vente n'est valable qu'autant que la qualité requise existe réellement (1). Il y a des chevaux qui sont achetés en raison de leur origine, de leur vitesse, de leur douceur, ou de leurs aptitudes à être monté, attelé, etc. Le contrat est conditionnel ; c'est une vente à l'essai ; un délai est imposé à l'acheteur pour faire sa vérification ; passé ce délai, toute réclamation à raison de la qualité exigée devient impossible.

C'est en vertu d'une garantie conventionnelle que l'administration des haras a le droit de rendre, au bout de quinze jours, les étalons dont elle s'est livrée, sans indiquer le motif du renvoi.

De même, l'administration de la guerre stipule que les chevaux achetés par elle doivent être entièrement guéris de la castration. Les chevaux dont les plaies sont imparfaitement cicatrisées ou qui ne sont châtrés que d'un côté, chevaux couillards ou monorchides, peuvent être renvoyés. Elle se fait garantir également toutes les affections

1. Seine, trib. comm., 10 octobre 1867, D. 68, III, 47 ; Paris, 25 mai 1865, Rey, *Jurispr. vétér.*, p. 254.

des yeux sans distinction, ce qui lui permet de renvoyer les chevaux fluxionnaires ou atteints de cataracte achetés par mégarde.

La convention de garantie est quelquefois sous-entendue ; elle résulte des conditions mêmes du marché. Ainsi la vente d'un cheval comme reproducteur contient une garantie implicite de toute inaptitude à la reproduction.

Mais la consignation par écrit des stipulations dérogatoires au droit commun offre toujours les plus grands avantages. La portée des conventions est mieux précisée, le consentement plus parfait, la preuve plus facile.

La clarté est la principale qualité de ces conventions dont le libellé est généralement défectueux. Le langage courant des marchands comporte différents termes de métier dont la signification échappe au plus grand nombre. Soit ignorance, soit supercherie, les expressions usitées sont vagues et équivoques.

Trop souvent, le vendeur paraît s'obliger à une garantie conventionnelle plus ou moins étendue, et en réalité il n'est tenu que dans les limites et en vertu de la loi. Ainsi, pour décider un acheteur hésitant, il lui promet la garantie, et lui signe un billet aux termes duquel il déclare garantir « tout vice rédhibitoire » ou « les vices reconnus par la loi » (1). En faisant cela, il n'augmente en rien son obligation légale. Il y a là une duperie qui, d'après les circonstances, pourrait être considérée comme une manœuvre frauduleuse.

1. Magne, *Livre de la Ferme*, tome I, p. 587.

L'expression du vendeur qui déclare « garantir tout »,
est interprétée diversement. D'après la doctrine (1) elle
constituerait une extension de la garantie ; mais la jurisprudence (2) ne paraît pas consacrer cette opinion.

En général les tribunaux se montrent assez sévères.
Ainsi la Cour de cassation (3) a jugé que promettre d'une
jument « qu'elle serait parfaite, de confiance, ne laissant
rien à désirer » n'est pas une clause extensive de la
garantie légale, bien que l'intention des parties fût probablement tout autre. D'après la Cour de Caen (4), les
expressions « à livrer sain et net, vivant et en bonne
santé », n'étendent pas non plus la garantie, et signifient
seulement que les risques dans l'intervalle de la vente
à la livraison sont à la charge du vendeur, et que le cheval doit être livré en bonne santé et exempt de tous
vices rédhibitoires légaux.

Mais la stipulation qu'un cheval est garanti non atteint
« de boiterie » augmenterait la garantie légale ; le vendeur serait garant de toute boiterie quelconque, même
de celle non prévue par la loi comme rédhibitoire (5).

---

1. Dalloz, *Rép. vices rédhibitoires,* n° 103 ; A. Gallier, *Traité des
vices rédhibitoires,* p. 137.

2. Marseille, 21 juillet 1862, D., *Rép. vices rédhibitoires,* p. 97 ;
Dans le même sens, V. Galtier *Traité des vices rédhibitoires,* p. 132.

3. Cass., 20 décembre 1887, D. 1888. 1, 84.

4. Caen, 22 février 1888, *Rec. des Arrêts,* Caen et Rouen, 1888,
p. 61.

5. Cass., req., 20 juillet 1843 ; Dalloz, *Jurispr. gén. Vices rédhibitoires.* Voir *suprà,* p. 104.

De ces décisions il faut conclure que l'extension de la garantie résulte seulement d'une stipulation précise et formelle.

La garantie de toutes sortes de vices, rédhibitoires ou non, résulterait de l'expression « garanti sans défauts ». Les mots « sain et net » suffiraient d'après M. Galtier (1).

Toutefois cette clause ne concernerait encore que les vices cachés, et non les vices apparents. Ces derniers ne seraient garantis qu'en stipulant que le cheval est « garanti sans défauts cachés ou apparents ».

L'acheteur ne saurait exiger chez le cheval d'autres qualités que celles qu'il s'est fait promettre expressément.

Comme règle d'interprétation, il faut en principe supposer que les parties qui ont rédigé une clause de garantie ont entendu déroger à la loi. Le texte et l'esprit de la convention l'emportent sur l'intention des contractants ; et tout pacte obscur et ambigu s'interprète contre le vendeur, art. 1602 C. civ.

Les règles de l'action rédhibitoire ou en réduction de prix prévues par la loi du 2 août 1884 pour les vices rédhibitoires légaux, ne s'appliquent pas à la garantie conventionnelle. Celle-ci est régie par le droit commun en ce qui concerne la prescription de l'action, la preuve et la procédure (2).

1. V. Galtier, *loco citato*, p. 130.

2. Un cheval garanti avoir 6 ans en a 9 ; si une action est intentée, ce n'est pas une action rédhibitoire, mais une action en nullité pour défaut d'identité, Dalloz, *Rép.*, tome XLIV, *vices rédhibitoires*, n° 213, en note.

CHAPITRE VII

DU DOL

Les conventions de garantie qui, nous l'avons vu, sont sans effet lorsqu'elles concernent une maladie contagieuse, demeurent également lettre morte en matière de dol. Le vendeur ne saurait s'affranchir des conséquences de sa mauvaise foi.

Cette règle très équitable n'est pas sans importance pratique. Le dol en effet est fréquent en matière de vente de chevaux. « Le commerce des chevaux, dit Troplong (1), « n'est que l'art du mensonge et de la fraude mis en « pratique, et les personnes des divers états qui s'en « mêlent n'ont aucune honte de rivaliser avec les maqui-« gnons de profession, pour induire en erreur l'acheteur « moins rusé qu'elles ». Ces paroles sont empreintes d'une certaine exagération. Parmi les marchands de chevaux il en est d'honnêtes comme il en est de rusés. Tout mar-

____

1. *De la Vente*, tome II, n° 550.

chand, quelle que soit la nature de sa marchandise, la fait valoir le plus possible. Nous croyons faire la part de la vérité en disant simplement que la vente du cheval se prête à la fraude, et qu'elle est une de celles où le dol se pratique sur une plus grande échelle.

Combien de fois par exemple, on présente sur les champs de foire des juments suivies de poulains qu'elles n'ont pas faits. On vend ainsi comme d'excellentes poulinières des juments qui n'ont jamais pu élever un poulain.

Un cheval boite ; le marchand lui fait à l'avant-bras une écorchure à laquelle il attribue la boiterie, alors que celle-ci est incurable.

Un cheval a-t-il la fluxion périodique ? Le vendeur introduit un brin de foin entre la paupière et le globe de l'œil, et soutient que le mal n'existe que depuis la veille ; il s'offre à le garantir, et engage l'acheteur à faire visiter l'animal. En attendant, le brin de foin est découvert par un compère ou par le vétérinaire chargé d'examiner l'animal si l'acheteur ne l'a découvert lui-même. Le marchand ne manque pas alors d'invoquer sa bonne foi et se félicite d'avoir pu si à propos en donner les preuves.

Les exemples ne manquent pas (1).

1. Voir L. Goyau, *Maquignonnage et Maquignons.*

1. *Quand y a-t-il dol ?*

Avant de préciser par une règle générale les faits constitutifs du dol, il est bon de faire une remarque.

Le vendeur, qu'il soit simple particulier, éleveur ou marchand, a manifestement le droit de présenter son cheval dans les meilleures conditions afin d'en tirer le parti le plus avantageux. Certains procédés de préparation à la vente sont très légitimes, tels ceux qui dépendent d'une alimentation particulière, de soins spéciaux, du dressage, de la toilette, du tondage ou d'une ferrure appropriée. Ils constituent souvent tout le secret des marchands.

Par l'alimentation, le vendeur arrive facilement à augmenter ou à diminuer le volume du ventre, et à rendre le développement de cette région proportionné à celui des autres parties du corps.

Le pansage embellit la peau, et, en la débarrassant des excrétions et poussières qui l'encrassent, donne au cheval un air de santé qu'il n'a pas toujours en réalité·

Le cheval placé sous une lumière propice apparaît sous une robe plus nuancée et plus brillante.

Le dressage habitue le cheval aux objets et aux bruits extérieurs, et développe ses aptitudes en le rendant propre à tous genres d'exercices et de travaux. Par ce moyen le marchand apprend peu à peu au cheval le plus indocile à ne s'effrayer de rien, à se laisser approcher, toucher, lever les pieds, mais si l'animal passe en d'autres mains, l'aspect change et les défauts reparaissent. C'est par le dressage que l'on donne à l'encolure des chevaux de luxe, la forme de cygne si prisée pour ce service.

La toilette avec ses artifices d'embellissement (faire les crins et le poil des oreilles, arranger la crinière et la queue) donne au cheval des apparences de finesse et de distinction.

Le licol et les rubans flottants attachés à la crinière ou au toupet, sont choisis d'une couleur qui fait valoir celle de la robe. Avec les couvertures, les genouillères, les bonnettes, le cheval est comme habillé en tenue de campagne, et il a l'air plus ardent et plus vigoureux.

Le tondage déjà utile au point de vue hygiénique augmente la finesse des membres et la légèreté du maintien.

La ferrure lorsqu'elle est récente pare le pied, rectifie son aplomb, diminue son volume, corrige divers défauts et exhausse la taille en élevant le garrot.

Le vendeur, surtout le marchand, déploie généralement un luxe variable pour attirer l'acheteur et faire croire à la bonne qualité de sa marchandise. Dans une écurie bien tenue et même luxueuse, il ne saurait habiter de mauvais chevaux.

En eux-mêmes ces procédés sont légitimes, ils prouvent l'habileté professionnelle; le droit romain les appelait *solertia* ou *dolus bonus*. Toutefois ils n'ont pas constamment la réclame pour mobile unique, et servent souvent à cacher la mauvaise foi du vendeur. Avec de légères modifications, ils sont de véritables manœuvres frauduleuses, un *dolus malus* véritable et prohibé.

Il est difficile de distinguer d'une façon précise les uns des autres, les procédés recommandables ou autorisés, et ceux qui sont défendus.

Le même fait peut, selon les circonstances, être ou n'être pas considéré comme un dol. Ainsi en principe le ferrage à neuf n'est pas une manœuvre frauduleuse, et cependant il y aurait un dol dans le fait de cacher par ce moyen une blessure ou une cicatrice du sabot. Mettre des bonnettes aux oreilles du cheval est permis ; ce fait serait un dol si la bonnette avait pour but de cacher une suture faite à la nuque pour relever les oreilles.

Comme critérium général nous poserons cette règle : Constitue un dol de la part du vendeur toute manœuvre frauduleuse par lui employée pour tromper l'acheteur et l'amener à faire l'acquisition d'un cheval que sans cette manœuvre il n'eût pas acheté ou qu'il eût payé un prix moindre.

Le dol existe à trois conditions exigées par l'article 1116 du Code civil. Il faut que l'auteur de la manœuvre soit le vendeur ou son préposé. Si c'était un tiers, il n'y aurait dol que si le vendeur était complice.

Il faut en outre que cet auteur ait agi en connaissance de cause, sachant que la manœuvre employée était frauduleuse et de nature à induire l'acheteur en erreur. Si le vendeur a trompé l'acheteur sans le savoir, il n'y a pas de dol ; par exemple : le cheval vendu est contremarqué, mais le vendeur l'ignore ou ne s'en est pas aperçu.

Il faut enfin que la manœuvre n'ait pas été découverte,

car, au cas contraire, l'acheteur n'a pas été trompé ; son consentement est considéré à juste titre comme une renonciation tacite à l'exercice de l'action de dol.

Ces trois conditions sont nécessaires, mais suffisantes. Il importerait peu que le dol se fût produit pendant la négociation de la vente ou auparavant.

Quand un fait est allégué comme dolosif, la contestation est de la compétence des tribunaux dont le droit d'appréciation est absolu. Leurs décisions échapperaient de ce chef à la censure de la Cour de cassation.

II. *Espèces*

A première vue, le dol se présente sous des formes très variées. A regarder de plus près. il consiste tantôt dans un fait positif, tantôt dans l'inaction ou le silence ; d'où la distinction en dol positif et en dol négatif ou par réticence.

Le dol positif suppose l'emploi d'une manœuvre réelle ou de discours (dol par allégation), ayant pour but de cacher l'existence d'un vice invisible. En voici des exemples :

Autrefois pour diminuer la pousse, il était fréquent de pratiquer au dessus de l'anus une ouverture appelée « sifflet » ou « rossignol » ; mais cette manœuvre n'est plus guère pratiquée aujourd'hui ; il a été reconnu qu'elle n'avait pas d'utilité sérieuse.

Pour rajeunir un vieux cheval, le vendeur a contremarqué les incisives et les a raccourcies ; ce qui a eu pour effet de tromper l'acheteur sur leur longueur ou sur la forme de la table ; ou bien il a fait disparaître d'un coup de lime la queue d'aronde des coins supérieurs ; ou pour masquer un signe de vieillesse, il a insufflé de l'air dans les enfoncements dits « salières », situés au dessus de l'œil.

Ruse plus fréquente encore, car la précédente ne peut être pratiquée avec profit que sur un cheval resté vigoureux et ayant conservé une belle apparence quoique âgé, pour vieillir un jeune cheval et faire croire qu'il peut rendre des services, le vendeur a arraché successivement les incisives de lait, ce qui a pour résultat de faire sortir les dents de remplacement.

De même, il y a dol dans l'acte de simuler la castration sur un cheval cryptorchide ; de cacher au moyen de guttapercha les défectuosités du sabot (1) ou une seime (2) ; d'enivrer le cheval ou de l'adoucir en lui faisant boire des narcotiques calmants (3) ; d'introduire dans le nez une éponge pour cacher un jetage, ou dans l'anus du poivre ou du gingembre pour relever la queue et la faire se recourber avec distinction ; de teindre une balzane, de

1. Trib. comm., Lyon, Rey, *Jurispr. vétér.*, 1866, p. 298 ; Trib. comm., Seine, Rey, *Jurispr. vétér.*, 1865, p. 299, et 26 avril 1872 ; de Chêne-Varin, *Code des vices rédhibitoires*, p. 219.

2. Trib. comm., Seine, 18 octobre 1893, *Presse vétérinaire*, 1894, p. 81.

3. Caen, 23 août 1872, confirmé 6 nov. 1872, *Rec. de méd. vétér.*, 1873, p. 500.

peindre en noir les poils blancs venus sur une tare ou une cicatrice, ou de recouvrir avec du cambouis et du poil soigneusement collé le genou couronné (1).

Seraient encore un dol les agissements employés par le vendeur pour empêcher l'acheteur d'exercer ses droits contre lui pendant la durée du délai de garantie (2).

Le dol par allégation existe quand le vendeur ment, affirmant soit l'inexistence d'un vice qu'il sait exister, soit l'existence d'une qualité à laquelle l'acheteur attache beaucoup d'importance, et qu'il sait inexistante ; par exemple, il vend comme hongre un cheval cryptorchide à un acheteur qui lui demande un cheval hongre, ou comme cheval anglais un cheval qu'il sait ne pas appartenir à cette race ; ou bien il a trompé l'acheteur sur la généalogie du cheval.

Mais il n'y a pas lieu de considérer comme dol par allégation les vantardises habituelles et hâbleries ordinaires des marchands.

Le dol négatif ou par réticence consiste dans la dissimulation volontaire par l'acheteur des défauts graves et non apparents (3) du cheval, sans qu'il y ait de manœuvre réelle ou d'allégation caractérisée. Il suppose également la fraude.

Le silence pur et simple du vendeur, n'est pas un

1. Voir Abbeville, 17 novembre 1876, *Rec. de méd. vét.*, 1877, p. 961.
2. Trib. de comm., Seine, *Rec. de jurispr. vét.*, 1872, p. 634.
3. Paris, 1er avril 1878, D. 87, II, 256.

dol (1) ; ainsi il n'indique pas à l'acheteur que le cheval
se nourrit mal, qu'il est mou à la fatigue, qu'il ferraille.
Il n'y est pas tenu. « Il est en effet des éclaircissements
« qu'aucune loi n'oblige de donner ; c'est à celui qui y
« a intérêt à se les procurer soit par lui-même, soit par
« l'entremise des gens experts dont il doit invoquer et
« employer les connaissances » (2).

Mais si le fait de la dissimulation a été accompagné de
circonstances particulières qui ont induit l'autre partie
en erreur ou l'ont empêchée d'examiner le cheval, ces
circonstances peuvent aggraver le simple fait de la réticence, et il en peut résulter un dol véritable. Ainsi un
individu a une jument hystérique et méchante dont la
méchanceté passe lorsqu'elle est en chaleur. Sans employer aucun artifice, il la vend lorsqu'elle est dans cet
état sans rien dire à l'acheteur. N'y a-t-il pas là un dol !
Ou encore le cheval a des instincts dangereux ; le vendeur
qui l'a déjà auparavant vendu deux fois, et a été obligé
de le reprendre, a dissimulé avec soin ces instincts à
l'acheteur ; il y a dol (3).

Le silence et la dissimulation aboutiraient parfois à
mettre la vie de l'acheteur en danger ; il y aurait en ce
cas faute de la part du vendeur ; et s'il en était résulté
un préjudice pour l'acheteur, l'article 1382 C. civ. serait
applicable.

1. Voir *Presse vétérinaire*, année 1894, p. 153 et 297.
2. *Dol et fraude*, Bédarride, 2e édit., tome I, p. 96.
3. Cass., 17 février 1874, D. 1874, I. 193, *Rec. de méd. vét.* 1877,
p. 1277.

Les faits de dol sont tels qu'ils pourraient constituer dans certains cas le délit d'escroquerie. C'est ce qui a été jugé par le tribunal civil de Caen (1), à propos d'un vendeur qui avait fait usage d'opium pour dissimuler la méchanceté de son cheval. En cas de poursuite par le ministère public, la victime est recevable à poursuivre la réparation du préjudice causé en se portant partie civile devant le tribunal correctionnel.

III. *Preuve. Effets.*

La preuve du dol incombe à celui qui l'allègue. Elle se fait par tous moyens, même par simples présomptions, mais elle doit être faite directement, car la bonne foi est toujours présumée.

Malgré la fréquence du dol, il est assez rare qu'il soit réprimé ; cela tient précisément à la difficulté de la preuve. Les faits de dol sont très variés, très complexes, et l'on n'est jamais certain dans quel sens ils seront envisagés par le tribunal, qui, sur ce point, a toute liberté d'appréciation.

Le dol a pour conséquence de donner à la victime deux actions : une action en nullité et une action en dommages-intérêts.

La première est possible lorsque, sans le fait dolosif, la victime n'aurait pas contracté. Cette action n'est pas

1. 23 août 1872, *Rec. de méd. vét.* 1873, p. 500.

soumise au court délai de l'action rédhibitoire ; elle se prescrit par le délai de dix ans à partir du jour où le dol a été découvert (1).

L'action en dommages intérêts est permise toutes les fois que le dol fait subir un préjudice à l'une des parties. L'acheteur par exemple aurait acheté, mais il aurait payé un prix moindre ; ou bien il aurait pris ses précautions contre la méchanceté du cheval et n'aurait pas été blessé.

Cette action résulte de l'article 1er de la loi du 2 août 1884. Elle est permise aussi bien dans la vente du cheval atteint de vices rédhibitoires que dans les autres ventes ; l'action rédhibitoire n'y met pas obstacle : « L'action en « garantie, dit le texte,... sera régie par les dispositions « suivantes, sans préjudice des dommages intérêts qui « peuvent être dus s'il y a dol » (2).

Les dommages-intérêts sont arbitrés par le tribunal, à moins qu'ils ne soient fixés à l'amiable par les parties.

L'action de dol est d'ailleurs soumise aux règles du droit commun pour tout ce qui concerne la compétence, la procédure et les autres règles de fond ou de forme.

1. Si l'action a, en réalité, le caractère d'une action rédhibitoire, il faut observer les délais de la loi du 2 août 1884 ; Bordeaux, 23 juillet 1891, D. 1893, II. 192.

2. Voir sur le dol, Alfred Gallier, *Traité des vices rédhibitoires*, 3e édit. p. 177, n° 140.

CHAPITRE VIII

Lorsque l'acheteur d'un cheval le revend, le sous-acquéreur se trouve, par rapport à son vendeur, dans une situation analogue à celle du revendeur, c'est-à-dire du premier acheteur, par rapport au vendeur originaire. En conséquence toutes les règles que nous venons d'exposer sont applicables,

Ce principe ne reçoit aucune exception quand la seconde vente a été conclue assez longtemps après la première, ou du moins alors que celle-ci est définitive et inattaquable. C'est le cas le plus fréquent : le cheval est une marchandise dont les services ne sont pas épuisés en quelques jours. L'éleveur ou l'usager n'achètent pas pour revendre aussitôt.

Il en est autrement cependant du maquignon. En outre l'acheteur ne s'accommode pas toujours du cheval ; il l'a mal choisi, et s'en débarrasse par une revente. Nous savons également que l'acheteur qui constate l'existence d'un vice rédhibitoire ou d'une maladie contagieuse s'empresse quelquefois de revendre, aimant mieux user de ce moyen que de courir les chances d'un procès avec son propre vendeur.

Dans tous les cas où la seconde vente a lieu alors que les délais pour attaquer la première ne sont pas expirés, des règles particulières trouvent l'occasion de s'appliquer. Le vendeur actionné en garantie par le sous-acquéreur a le droit de se retourner contre le vendeur primitif, qui est son garant, par l'action récursoire.

D'après le droit commun de la vente, le garanti a le choix entre, se défendre seul contre le demandeur originaire sauf à se retourner ensuite contre son vendeur propre, — et mettre directement en cause son garant de manière à joindre l'action récursoire à l'action principale. D'après le droit commun encore, ce second procédé est généralement préférable pour diverses raisons.

Il est le seul pratique en matière de vente de chevaux comme en matière de vente d'animaux domestiques en général à cause de la brièveté des délais. Si le revendeur attendait pour intenter l'action récursoire que la demande principale (l'action rédhibitoire) fût jugée, il y aurait alors longtemps qu'il serait forclos du droit d'agir. Le recours du garanti en effet se prescrit rapidement ; nous verrons plus loin par quel délai.

Le revendeur a toujours le droit d'agir contre le vendeur originaire. Nul ne le conteste au cas où il intente l'action rédhibitoire ; mais le même accord n'existe pas lorsque l'action intentée est celle en nullité pour cause de maladie contagieuse.

Voici le raisonnement que l'on fait. Si le revendeur se retourne en garantie contre son propre vendeur et demande la nullité par application de la loi du 21 juillet 1881, c'est de sa part avouer implicitement qu'au moment de la première vente, le cheval était atteint d'une maladie contagieuse. Il l'était aussi au moment de la revente. Par conséquent l'acheteur n'aurait pas dû revendre ; il devait se mettre en règle avec la loi sanitaire, et il ne l'a pas fait. Il est de mauvaise foi ; qu'il ne vienne donc pas exercer un recours contre le vendeur originaire beaucoup plus digne que lui.

Les jugements cités à l'appui de cette opinion ne sont nullement probants (1) ; ce sont des décisions d'espèce rendues à propos de bovidés tuberculeux. Si elles ont refusé le recours, c'est parce que la séquestration de l'animal, mesure considérée comme une condition préalable de l'instance, n'avait pas été opérée.

D'autres arrêts, au contraire, paraissent admettre la possibilité du recours (2). De ce que le revendeur se retourne contre son garant il n'en résulte pas que le cheval était atteint de maladie contagieuse ; de ce que le cheval était malade au moment de l'une des ventes, il n'en ré-

---

1. Bordeaux, 10 juillet 1896, Simonet, *Lois nouvelles*, 1897, p. 74, Bordeaux, 22 octobre 1896, S. 1897, II, 231.

2. Trib. civ. Charolles, 27 juin 1896, *Gaz. des Trib.*, 18 juin 1897 ; Pau, 15 mai 1896, *Gaz. des Trib.*, 1er août 1896 ; Amiens, 16 mars 1897, *Gaz Trib.*, 18 juin 1897.

sulte pas qu'il l'était au moment de l'autre. La question est précisément de le savoir. Quant à la bonne ou mauvaise foi du revendeur, il n'y a pas lieu de s'en préoccuper ; elle n'influe en rien sur la validité du contrat.

Aucun texte de loi n'interdit le recours ; aucune proposition de loi n'a été faite en vue de le supprimer complètement. Le but de la loi a été simplement de le rendre impossible au delà du délai de 45 jours. En conséquence, que le cheval soit atteint de maladies contagieuses ou de vices rédhibitoires, le revendeur a un recours en garantie contre son propre vendeur. Le délai de l'action récursoire varie seulement d'un cas à l'autre. Nous raisonnerons sur l'hypothèse de l'action rédhibitoire.

Dans quel délai le garanti doit-il exercer l'action récursoire contre le garant ?

D'après le Code de Procédure civile « celui qui préten- « dra avoir droit d'appeler en garantie sera tenu de le « faire dans la huitaine du jour de la demande originaire », outre le délai de distance art. 175. Cette règle, a-t-il été soutenu (1), s'applique dans notre hypothèse. « L'article « 175 C. Pr. civ. », en effet (c'est un des considérants d'un jugement (2) consacrant la même opinion), « renferme un « principe général auquel on doit se conformer toutes « les fois qu'il n'y a pas été dérogé formellement par « des textes précis tirés de lois spéciales ». En outre,

1. M. Galtier, *loco citato*, p. 262 et s.
2. Trib. civ., Dunkerque, 11 février 1881, *Presse vétérinaire*, p. 640, nov. 1883.

toute solution différente aurait pour conséquence d'arrêter l'action récursoire du garanti, quand le demandeur principal attend la dernière heure du délai pour intenter l'action rédhibitoire.

Tout cela est vrai. Néanmoins le système contraire nous paraît préférable. Les articles 175, 176 et suivants du Code de Procédure, placés au paragraphe : « Des exceptions dilatoires » sont faits uniquement à l'encontre du demandeur à l'action principale qui ne peut prendre jugement contre son adversaire avant l'expiration des délais accordés à celui-ci pour mettre en cause son garant ; Ils sont une faveur pour le garanti ; mais si, par ailleurs, celui-ci est forclos du droit d'agir contre le garant, par suite de l'expiration d'autres délais par exemple, ces articles ne lui rendent pas le droit d'agir. Or, il est certain que, d'après la loi de 1884 comme d'après celle de 1838, l'acheteur ne peut être relevé de la forclusion qu'il a encourue en ce qui concerne le recours contre son garant, sous le prétexte qu'il aurait, avant l'expiration du délai imparti par la loi pour l'action rédhibitoire, revendu l'animal.

L'action récursoire doit être intentée dans les délais fixés par la loi du 2 août 1884, c'est-à-dire dans les 9 ou 30 jours de la vente originaire. La loi ne l'affirme pas en termes formels, mais elle le décide suffisamment. Elle est une loi spéciale, mais qui est générale par rapport aux vices rédhibitoires. Elle contient une dérogation à la règle générale du code de procédnre.

L'opinion que nous combattons aboutit à fournir à l'acquéreur un moyen de proroger le délai de garantie, en vendant le cheval et en demandant à l'acheteur d'intenter une action rédhibitoire (1).

Le point de départ du délai n'est pas la date de la demande principale (2), c'est la date de la première vente ou plutôt le jour qu'elle a fixé pour la livraison (3).

Si l'un des délais accordés pour l'exercice de l'action rédhibitoire ou de l'action récursoire est plus long que l'autre, parce qu'il s'augmente à raison de la distance, que se passe-t-il ?

Quand le délai le plus long est celui de l'action récursoire, le garanti profite de ce bénéfice en vertu d'un droit propre. Au cas inverse, la solution est la même. Prenons un exemple : la vente et la revente ont eu lieu le même jour ; le sous-acquéreur demeure à 20 myriamètres du lieu du domicile du vendeur et du revendeur, et a emmené le cheval chez lui; le délai de distance est de quatre jours à son profit. Il intente l'action rédhibitoire le dernier jour de son délai. Est-ce que le revendeur peut encore intenter utilement l'action récursoire contre son propre vendeur? Nous le croyons; pour

1. Voir Dalloz, *Rép. sup.*, tome XIX, p. 195, n° 112 ; Trib. civ. de Montmédy, 12 novembre 1868, dans Gallier, *Traité des vices rédhibitoires*, p. 384 ; Cass., 18 mars 1833 ; Dalloz, *vices rédhibitoires*, p. 114, n° 280 en note.

2. En sens contraire, Seine, 27 juillet 1856, *Gaz. des Trib*, n°s des 28 et 29 juillet 1856.

3. Seine, 21 février 1860 ; Dalloz, *vices rédhibitoires*, t.° 267, note 107.

calculer l'augmentation du délai, la loi prend en considération la distance qui sépare le domicile du vendeur et le lieu où se trouve le cheval au moment où l'action est intentée, Peu importe que le cheval ait été conduit en cet endroit par le premier acheteur ou par le deuxième. La loi ne fait pas de distinction. Dans l'espèce, la longueur des deux délais est la même, ainsi que leur point de départ.

Si au contraire la livraison par suite de la revente avait été fixée au lendemain du jour de la première livraison, les points de départ des délais seraient différents ; le délai accordé au garanti pour agir expirerait un jour avant celui accordé au sous-acquéreur.

Si ce dernier intente l'action rédhibitoire le dernier jour utile, le recours en garantie est impossible, le garanti est à ce moment forclos.

Prévoyant cet inconvénient il a un moyen d'y parer, celui d'exercer le recours avant d'être lui-même poursuivi.

Tel n'est pas l'avis unanime (1). Revendre le cheval avant l'expiration du délai de garantie serait de la part de l'acquéreur ratifier le marché, et renoncer à son droit de demander la nullité. La revente rendrait la vente définitive et désormais inattaquable.

C'est là une erreur ; si la revente vaut confirmation de la vente, toute action récursoire est impossible, qu'elle soit intentée avant ou après l'action principale, car l'ac-

---

1. Garnier, *Rec. de méd. vetér.*, 1877, p. 280 et s.

tion récursoire suppose toujours une action principale autrement dit une revente.

Le revendeur assigne donc sans difficulté son garant avant d'être lui-même poursuivi. Mais à vrai dire l'action est en ce cas une action rédhibitoire principale, dont le succès est subordonné au bien fondé de la demande, mais dont l'exécution du jugement dépend aussi de la solution encore inconnue de l'action rédhibitoire intentée par le sous-acquéreur contre le garanti (1).

Expertise. — Le demandeur à l'action récursoire, obligé de citer son garant dans un délai préfix, est-il tenu également, à peine de déchéance, de provoquer l'expertise prévue par la loi ?

L'affirmative est certaine, quand il n'a pas encore été poursuivi par le sous-acquéreur. Nous savons pourquoi.

Mais deux difficultés se présentent aussitôt.

Le revendeur ignore le plus souvent en quel lieu le cheval a été conduit par le sous-acquéreur et où il se trouve, et par conséquent quel est le juge de paix compétent pour nommer les experts.

La fixation d'un lieu de séjour de l'animal, ou encore l'élection dans l'acte de vente d'un domicile attributif de juridiction, sont les moyens préventifs de tourner la difficulté. A leur défaut, le revendeur n'a à sa disposition qu'un seul remède : se procurer les renseignements nécessaires.

1. Voir Marlot, *Rec. de méd. vétér.*, 1880, p. 445.

Voici les experts nommés ; ils veulent remplir leur mission. Mais, le sous-acquéreur leur refuse l'exhibition du cheval et empêche ainsi l'accomplissement de l'expertise ; c'est son droit de propriétaire. Que faire ? Il faut surseoir. La loi exige simplement que la requête à fin d'expertise soit présentée dans le délai, et non que l'expertise ait lieu. L'expertise est provoquée, cela est suffisant ; la demande est recevable.

D'ailleurs, le revendeur ne s'est mis en règle avec la loi qu'en prévision d'une action rédhibitoire intentée contre lui. Si l'éventualité redoutée ne se produit pas, ce qu'il saura prochainement, il n'a plus aucun intérêt à persister dans sa demande contre son garant. Que si, au contraire, le sous-acquéreur intente l'action rédhibitoire, il est obligé de provoquer lui-même une expertise, et c'est à cette dernière que le revendeur appelle le vendeur originaire.

Lorsque le revendeur exerce l'action récursoire, étant lui-même poursuivi, il n'est pas obligé de provoquer à son tour une expertise. Quelle en serait l'utilité ? La première est suffisante, la seconde aboutirait sans doute au même résultat, puisqu'elle se ferait au même lieu et probablement par les mêmes experts. Les parties n'ont aucun intérêt à cette augmentation de frais. La requête à fin d'expertise présentée par le sous-acquéreur conserve le droit des précédents vendeurs (1). « La loi a donné compétence

1. Guillouard. *Traité de la Vente*, tome II, n° 515 ; Dalloz, *Rép.*

« *erga omnes* au juge de paix du lieu où se trouve le che-
« val pour nommer d'urgence les experts, constater un
« fait matériel et sauvegarder les droits de tous les co-
« intéressés » (1).

Appel du vendeur. — L'obligation du revendeur d'appeler à l'expertise son garant est une conséquence de celle
relative à la nomination des experts ; en d'autres termes,
obligé de présenter une requête à fin d'expertise, le revendeur l'est aussi d'appeler son garant, et inversement,
dispensé de provoquer une expertise, il l'est également
d'y appeler son vendeur (2).

Néanmoins, l'utilité de signifier au garant l'expertise
provoquée par le sous-acquéreur est évidente. Mis en demeure d'assister à l'expertise, le vendeur originaire ne
saurait prétendre qu'elle est frauduleuse ou qu'elle est à
son égard *res inter alios acta*.

Le revendeur n'encourrait pas une déchéance absolue
par la seule raison qu'il n'aurait pas appelé à l'expertise
le vendeur originaire. Les tribunaux seraient juges de la
question de savoir si ce dernier a été suffisamment averti,
et s'il est fondé à réclamer une nouvelle expertise (3).

Au lieu d'intenter l'action rédhibitoire contre son pro-

sup., tome XIX, p. 193, n° 100 ; Voir St-Etienne, 5 février 1891 ;
Rec. de méd. vét., 15 janvier 1892, p. 22.

1. Caen, 1er juillet 1889, *La Loi*, 20 juillet 1889 ; Cass., 18 nov.
1891, *Gaz. des Trib.*, 19 novembre 1891, rejetant un pourvoi
contre l'arrêt de la Cour de Caen.

2. Ruffec, 15 juillet 1896, Simonnet, *Lois nouvelles*, 1896, 4e partie, p. 188.

3. Aurillac, 6 février 1889, *Rec. de méd. vét.*, 15 avril 1889.

pre vendeur, le sous-acquéreur peut assigner directement le premier vendeur (1). Il agit alors, non pas en
vertu d'un droit propre, car il n'a pas traité avec son adversaire, mais par subrogation. Ses droits ont comme
étendue et pour limite celles des droits du revendeur. Le
point de départ du délai de garantie serait la date fixée
par la première vente pour la livraison.

Compétence.— En ce qui concerne la compétence, l'action récursoire en garantie est soumise aux règles du droit
commun auxquelles, ni la loi de 1838, ni celle de 1884
n'ont dérogé.

Le garanti, demandeur à cette action, assigne valablement son garant devant le tribunal où il doit paraître
lui-même, si ce tribunal appartient à un autre ressort
sans changement de juridiction, pourvu qu'il n'apparaisse pas, par écrit ou par l'évidence du fait, que la demande originaire a été formée seulement pour traduire le
vendeur primitif hors de son tribunal, auquel cas il doit
y être renvoyé par les juges qui ont à cet égard toute liberté (art. 181, C. pr. civ (2).

Lorsqu'il y a changement de juridiction, dans le cas,
par exemple, où le demandeur à l'action récursoire est
assigné devant un tribunal de commerce, alors que son
propre vendeur n'est pas commerçant, celui-ci est justiciable des tribunaux civils du lieu de son domicile (3).

1. Guillouard, *Traité de la Vente*, tome II, n° 452.
2. Caen, 24 mars 1862, D. 1863. II, 182.
3. Limoges. 21 janvier 1845, D. 46, II, 84 ; Paris, 12 décembre

Effet. — Le résultat de l'action récursoire est indépendant de celui de l'action rédhibitoire. Au moment de la deuxième vente, le cheval était atteint d'un vice rédhibitoire ; cela ne prouve en rien qu'il était déjà malade au moment de la première ; l'intéressé doit le démontrer.

A l'inverse, l'action récursoire réussit parce que le vice existait lors de la première vente. Il y a des chances pour qu'il en soit de même de l'action rédhibitoire ; mais, si cette éventualité ne se produit pas, le jugement de l'action récursoire demeure sans effet, faute par le revendeur qui a obtenu gain de cause, mais qui doit garantie au sous-acquéreur propriétaire du cheval et par suite ne peut l'évincer, de pouvoir effectuer la restitution de l'animal.

Quelquefois l'action rédhibitoire principale n'est qu'un prétexte ; elle est intentée à la suite d'une revente simulée contre le revendeur par un sous-acquéreur complaisant, pour amener le premier vendeur devant un tribunal éloigné de son domicile, le faire entrer en composition par la crainte d'un procès devant un tribunal éloigné, et en définitive obtenir de lui une réduction de prix. Cette manœuvre prouvée par le vendeur originaire aboutirait à l'échec de l'action récursoire (1), et constituerait, selon les circonstances, un dol véritable justifiant l'allocation de dommages-intérêts.

1857, *Dalloz vices rédhibitoires*, p. 85 ; Paris, 9 novembre 1886, *La Loi*, 2 mars 1887 ; Paris, 4 décembre 1886, *La Loi*, 19 décembre 1886.
1. Cass., 18 mars 1856, D. 1856, 1, 149.

Appendice. Du mandat d'acheter un cheval.

Avec l'action récursoire que nous venons d'étudier, intentée par le revendeur contre le vendeur originaire, il ne faut pas confondre l'action en garantie qu'un vendeur apparent, ayant agi en qualité de mandataire, intente contre celui pour le compte duquel la vente a été réellement conclue.

Dans ce cas, il y a lieu d'appliquer les règles sur le mandat. Le mandataire avertit son mandant de la réclamation de l'acheteur, sitôt qu'il en a connaissance, s'il n'a lui-même qualité pour ester en justice. Le mandant intervient seul à l'instance, et devrait, le cas échéant, indemniser le mandataire des condamnations prononcées contre ce dernier.

Ces principes sont applicables notamment au Tattersall et aux établissements du même genre. Ces sociétés sont autorisées à vendre des chevaux pour le compte d'autrui ; elles ne sauraient être assimilées à un commerçant qui achète pour revendre (1).

Si le mandat a pour objet non pas la vente mais l'achat d'un cheval, et qu'en fait ce dernier soit atteint d'un vice rédhibitoire, l'action en résolution est intentée directement par le mandant, véritable acheteur, ou par le mandataire en son nom, contre le vendeur. Il n'y a pas d'action rédhibitoire par le mandant contre le mandataire, et d'action récursoire par celui-ci contre le vendeur. Les

1. Seine, 4 juin 1857, Dalloz, *Rép. vices rédhibitoires,* p. 70, n° 123.

rapports du mandant et du mandataire feraient, en cas
de difficultés, l'objet d'une action de mandat sans délai ni
formalités. Cette action serait accordée, par exemple,
lorsque le mandataire n'a pas immédiatement prévenu le
mandant de l'existence du vice, ou lorsqu'il ne lui a pas
fourni les renseignements nécessaires à l'exercice utile
de l'action.

Généralement le mandataire a reçu l'ordre formel de
n'acheter qu'un cheval exempt de tout vice rédhibitoire.
S'il arrive cependant que le cheval acheté soit atteint
d'une maladie de cette nature, le mandataire, même s'il
n'a commis aucune faute, se trouve dans une fâcheuse
situation. Ses pouvoirs étaient conditionnels ; il les a
dépassés. Le marché lui reste pour compte. Le mandant
en effet, a le droit de se refuser à prendre livraison du
cheval, ou de le restituer si la livraison a eu lieu. Le
mandataire est en ce cas le véritable acheteur, et c'est à
lui d'exercer en temps utile l'action rédhibitoire qu'il
dirige à ses risques et périls. Il n'est donc pas sans inconvénient d'accepter le mandat d'acheter un cheval exempt
de vices.

Toutefois le mandant resterait seul acheteur, s'il avait
ratifié la vente par sa présence au moment de la conclusion du marché, ou autrement (1).

1. A. Gallier, *Traité des vices rédhibitoires*, p. 378 et s.

CHAPITRE IX

VENTE DU CHEVAL POUR L'ALIMENTATION

La vente du cheval comme objet d'alimentation se présente sous deux aspects différents selon le moment auquel on l'envisage. Le cheval est d'abord vendu vivant pour la boucherie; ensuite a lieu la vente de la viande de cet animal. Ces deux formes de vente sont connexes, en ce sens que l'on ne s'explique la vente d'un cheval comme animal de boucherie qu'autant que le commerce de la viande de cheval est licite et autorisé ; et cependant, quoique connexes, elles sont l'une et l'autre régies par des règles particulières.

Avant de les étudier dans la législation actuelle, nous allons les envisager rapidement dans le passé. La vente du cheval comme objet d'alimentation a en effet une véritable histoire.

Interdite, puis autorisée, puis encouragée, elle a pris une extension sans cesse grandissante, au point de devenir, de nos jours, un fait reconnu utile et entièrement passé dans les mœurs.

Historique

L'hippophagie a de très anciennes annales. Elle était pratiquée chez les Gaulois ; mais elle disparut officiellement pendant des siècles sous l'influence du christianisme qui anathématisa comme impure la viande des caballins (1).

Une ordonnance de 1739 autorisa en France la vente de la viande de cheval pour les pauvres gens. Un peu plus tard, un arrêt du Conseil du Roi du 16 juillet 1784 la prohiba. Les guerres de l'Empire et surtout la retraite de Russie la rendirent nécessaire en lui donnant un caractère odieux à cause des souvenirs qui s'y rattachaient.

Ce n'est guère qu'après la campagne hippophagique menée en 1856 par Geoffroy Saint-Hilaire et beaucoup d'économistes et d'hygiénistes, et après le fameux banquet hippophagique de 1865 qui en est le clou et dans lequel on ne mangea que de la viande de cheval, que l'hippophagie reparut comme une actualité. Si elle eut alors comme de tout temps ses partisans et ses détracteurs, du moins elle eut en outre l'avantage de se faire reconnaître officiellement par l'administration.

Une ordonnance de police du 9 juin 1866 (2) autorise l'ouverture de boucheries hippophagiques à la condition

1. Voir Ernest Pion, *Le Commerce de la boucherie*, p. 269 et s.
2. Armand Goubaux, *Le Cheval considéré comme viande de boucherie*, p. 40.

que l'abatage du cheval ait lieu dans les abattoirs particuliers, et sous la réserve d'une inspection et d'une surveillance administratives très rigoureuses. La première
boucherie fut inaugurée le 9 juillet suivant place d'Italie.
Son succès vint précisément de la réglementation sévère
dont elle était l'objet, et des garanties qu'elle offrait ainsi
au public.

Eu 1870, quinze boucheries hippophagiques fonction-
naient déjà. Le siège de Paris démontra la valeur alibile
de la viande de cheval qui rendit alors de grands services.

Après le siège, l'administration, qui cinq ans auparavant l'avait refusé, autorisa l'abatage des chevaux destinés à l'alimentation dans les abattoirs publics. Un com-
partiment de l'abattoir du boulevard de l'Hôpital fut réservé à cet usage.

Depuis cette époque, le mouvement ne s'est pas ralenti.
En 1873, les bouchers hippophagiques ont livré à la consommation 5.034 chevaux, c'est-à-dire moitié plus qu'en
1869. Vingt ans plus tard le chiffre dépassait 15.000 ; il
était de 18.000 en 1894, et en 1897 il s'est élevé à plus
de 22.000. Paris dévore ainsi par an le cinquième de sa
population chevaline.

Le mouvement paraît parallèle en province surtout
dans les grandes villes, et, à défaut de chiffres officiels, il
n'est pas téméraire d'affirmer que la province consomme
au moins autant de chevaux que la capitale.

Il n'y a là d'ailleurs rien de spécial à la France. Le
même phénomène se retrouve dans toutes les grandes

agglomérations. A Londres, 170 chevaux par jour sont employés à la nourriture humaine. Il y existe également une industrie spéciale, les cat's meat's men, les bouchers pour chats qui vendent la viande de cheval découpée en petits morceaux enfilés à des brochettes de bois (1). En Allemagne, il a été livré en 1896 à la consommation 28.164 chevaux pour tout l'empire, dont 7.620 pour Berlin.

Le prix des chevaux comme viande de boucherie tend à augmenter. Il varie actuellement de 100 à 125 francs par tête en moyenne; et les bouchers hippophagiques font, paraît-il, de bonnes affaires,

Voilà des faits. Sans chercher à les apprécier, nous observerons seulement que toute industrie et tout commerce qui rendent des services doivent être libres de s'exercer. Beaucoup de chevaux, même en parfaite santé, sont rendus inutilisables comme objets de locomotion, à cause soit de leurs blessures accidentelles, soit de leurs défauts ou de leur méchanceté. Pourquoi n'en tirerait-on pas une utilité économique ?

La viande de cheval, moins chère que celle des bovidés, est aussi saine (2) quoique moins agréable. Elle a les mêmes propriétés nutritives, dès lors il ne faut pas en prohiber la vente.

M. Decroix prétend même que l'hippographie améliore la race chevaline, parce qu'elle dispose le propriétaire à

1. *Revue des Haras*, juillet 1896.
2. Villain, *Les animaux de boucherie du marché de Paris et les viandes insalubres*, 1883.

donner plus de ménagements et de soins aux chevaux qui sont inutilisables comme objets de locomotion. A notre avis, cette considération exerce une certaine influence sur le bien-être matériel des chevaux ; mais elle n'en a aucune sur l'amélioration de la race qui se fait surtout par l'élevage, les croisements et la reproduction. La santé d'un cheval est une preuve de sa force, et non de ses qualités de race ou de ses aptitudes locomotrices.

Quoi qu'il en soit, on ne peut ni critiquer sérieusement l'utilité de l'hippophagie ni contester son développement. Tout ce qu'il faut exiger, c'est qu'une règlementation équitable et une inspection rigoureuse l'empêchent d'être nuisible à la santé publique.

I. — Vente du cheval vivant pour la boucherie.

Lorsque le cheval, objet du contrat de vente, est destiné par l'acheteur à la boucherie, cela peut être soit à l'insu, soit à la connaissance du vendeur. Chacune de ces deux hypothèses sera étudiée successivement. La première se réalise assez rarement en pratique ; c'est elle cependant qui retiendra d'abord notre attention, parce qu'elle comporte l'exposé des principes applicables en cette matière.

*Première hypothèse. — La destination du cheval est
inconnue du vendeur.*

La vente a été conclue sans que ni dans les pourparlers
préliminaires, ni dans la négociation, les parties aient
même tacitement indiqué la destination du cheval. En
fait cependant l'acquéreur l'achète pour la boucherie.

Cette hypothèse n'est pas absurde. On rencontre, en
effet, des chevaux qui sont à la fois et indifféremment
propres au travail ou à l'élevage, et à l'alimentation.

Quelle garantie doit le vendeur ? Est-ce celle réglementée par le Code civil ? art. 1641 et s., ou bien celle
de la loi du 2 août 1884 ?

Il importe de prendre parti : si l'on se réfère au Code
civil, le vendeur doit la garantie de tout vice qui rend la
viande insalubre, et l'empêche d'être livrée à la consommation, que ce vice soit ou non compris dans l'énumération de la loi du 2 août 1884. Si la garantie due par le
vendeur est celle de cette dernière loi, elle s'étend à tous
les vices qui y sont énumérés et à ceux-là seulement. Or,
il n'y a pas concordance entre ces maladies.

Sous l'empire de la loi de 1838, d'après la jurisprudence, toute vente d'un animal pour la boucherie était,
quant à la garantie, réglementée par les principes du Code
civil. Cette loi visait seulement les animaux de travail et
d'élevage (1). On considérait que la vente avait pour objet,

1. Dalloz, *Rép.*, tome 44, n° 57 des documents de la loi du

non pas un animal domestique, mais une marchandise ou
denrée ordinaire, viande sur pied, et qu'elle était soumise
à l'application des règles du droit commun plutôt qu'à
une législation exceptionnelle.

Dans quelques grandes villes seulement, des règlements spéciaux ayant force délai édictaient des dispositions particulières. Ainsi à Paris, d'après deux arrêts de
règlement, l'un du 4 septembre 1673, et l'autre du 16 juillet 1699, confirmés par lettres patentes des 1er février 1743 et 17 juin 1782 et par une ordonnance de
police du 25 mars 1830, et toujours en vigueur sous la
loi de 1838, le vendeur était responsable de la mort, arrivée dans les neuf jours pour quelque cause que ce fût,
(d'où l'expression de garantie nonnaire), des animaux
vendus sur les marchés de Sceaux et de Poissy et destinés
à la boucherie parisienne. On avait voulu par ce moyen
arriver à ce que l'approvisionnement de la capitale se fît
en viandes salubres à une époque où, faute de moyens
de transport rapides, les bestiaux parvenaient au marché malades ou exténués et périssaient rapidement.

La loi du 2 août 1884 art. 12 al. 1er, a abrogé expressément ces garanties exceptionnelles. Quelle est la portée
de cette abrogation? De nombreuses difficultés ont été

20 mai 1838; Paris, Dalloz, 1839, II, p. 98 et 99; Paris, 26 mars
1867, D. 1867, II, 172. Ces décisions sont rendues à propos de
bovidés, mais la même jurisprudence s'étendait sans doute aux
chevaux. S'il n'y a pas de décision judiciaire à propos de chevaux,
c'est que leur vente pour la boucherie était alors beaucoup moins
fréquente que de nos jours.

soulevées à ce sujet (1), mais ce qui paraît certain et ce qui résulte également du rapport de M. Maunoury à la Chambre des députés (2), c'est que la garantie due par le vendeur est maintenant celle de droit commun.

La solution de notre question se trouve ainsi reculée plutôt qu'élucidée. Quel est ce droit commun ? Le Code civil ou la loi du 2 août 1884 ? (3)

C'est cette dernière loi. Elle régit en principe toutes les ventes d'animaux qu'elle énumère, parmi lesquels les chevaux, et cela sans distinction du but visé par l'acheteur, que l'animal soit un objet de travail et d'élevage, ou qu'il soit un objet d'alimentation. La jurisprudence est fixée en ce sens (4), et c'est l'opinion de la plupart des auteurs (5). En effet, de l'abrogation édictée par l'article 12, il faut conclure que la loi a établi une assimilation de la vente des animaux destinés à la boucherie avec celle des animaux destinés au travail. Si le législateur avait voulu établir des règles différentes, il n'aurait pas manqué de

1. H Bouley, *Rec. de méd vét.*, 1884 p. 655 et s.

2. *J. Off.*, Annexe au procès-verbal de la Chambre des députés du 5 juillet 1883, p. 10.

3. Dans le Dalloz la question est posée au *Rép.*, Boucherie, Sup., tome II, n° 103, et l'examen renvoyé au mot, Vices rédhibitoires, et à ce mot elle n'est pas traitée.

4. Cass., 10 nov. 1885, S. 1886, I, 53, sol, impl. et note ; Loudun, 5 décembre 1887, S. 1888, II, 46, motifs ; Cass., 23 mars 1887, S. 87, I, 160

5. Guillouard, *Traité de la Vente*, tome II, p. 73 et s. ; Watrin, *Gaz. des Trib.* des 21, 22 et 23 octobre 1885 ; Angol, *Législation des animaux*, n° 110 ; Leroy et Drioux, *Des animaux domestiques*, p. 72 et s. ; Lesage, *De la vente des animaux de l'espèce bovine*, p. 11.

s'en expliquer. Ceux qui soutiennent l'opinion contraire (1), et pensent que l'article 1641 du Code civil est
le droit commun applicable, à défaut de convention, à la
vente des animaux de boucherie, se sont appuyés sur des
décisions judiciaires où l'action rédhibitoire a été admise
à la vérité et fondée sur le Code civil, mais non pas
parce que c'était là le droit commun, mais bien parce
que les juges ont estimé que, d'après les circonstances,
il existait entre les parties une convention tacite de
garantie s'induisant de l'ensemble des faits.

*Deuxième hypothèse. — La destination du cheval est connue
des deux parties*

Lorsque le cheval objet de la vente a été considéré par
les parties comme destiné à l'alimentation, il existe une
véritable convention de garantie. Quelquefois expresse,
mais ordinairement tacite, cette convention est prouvée
par celui des contractants qui invoque son existence.

La preuve est facile s'il a été rédigé un écrit; au cas
contraire, elle se fait par tous moyens. Les circonstances
de la vente fournissent à cet égard des indications utiles,
par exemple: la profession de l'acheteur : il est boucher
ou commissionnaire pour la boucherie ; le lieu de la
vente: elle a été conclue à un marché d'approvisionnement ou à un endroit du marché réservé à cet effet ;

1. E. Le Peletier, *Manuel des vices rédhibitoires*, n°ˢ 248 et 249, et
Gaz. des Trib., 28 mars 1886.

l'état du cheval : il a des blessures, maladies ou déformations qui le rendent impropre à toute fin autre que la consommation.

Cette convention tacite suffit à écarter l'application de la loi du 2 août 1884, qui ne dispose qu' « à défaut de « conventions contraires». En conséquence, le vendeur est garant dans les termes du Code civil, c'est-à-dire de tous vices ou maladies qui rendent le cheval impropre à l'alimentation, et qui réunissent, au moment du contrat, les caractères généraux d'antériorité, invisibilité et gravité sans lesquels l'action rédhibitoire n'est pas possible.

Quelles sont ces maladies qui rendent la viande insalubre ?

La loi a prévu quelques cas. Elle punit d'amende et d'emprisonnement le fait de livrer à la consommation la chair des animaux, morts de maladies contagieuses quelles qu'elles soient, sans distinction du moment auquel la mort est survenue avant ou après la vente, ou abattus comme atteints de la morve ou du farcin, art. 14, 31 et 32, L. 21 juillet 1881. C'est là décider implicitement que les maladies contagieuses rendent la viande insalubre. Le cheval atteint de ces maladies ou simplement suspect ne peut être vendu pour la boucherie. D'ailleurs, depuis la loi du 31 juillet 1895, il est interdit de le vendre pour quelque usage que ce soit.

A Paris et dans le ressort de la préfecture de police, sont également considérés comme impropres à la consommation (1) : les chevaux morts naturellement ou abattus en état de fièvre par suite de blessures, ceux qui sont morts atteints d'une maladie quelconque, de plaies purulentes ou d'abcès même au sabot, et les chevaux dans un état d'extrême amaigrissement.

Ailleurs et quant aux autres maladies, le juge appréciera si elles rendent la viande insalubre en fondant sa conviction sur un rapport des hommes de l'art.

En fait, les procès-verbaux de saisie totale ou partielle dressés par les inspecteurs des viandes sont l'un des meilleurs moyens de prouver l'insalubrité. Il est aussi facile à l'acheteur de prouver que la viande saisie est insalubre, qu'il lui serait difficile d'établir l'insalubrité de la viande livrée publiquement après inspection préalable à la vente au détail.

Toute saisie ne donne pas cependant à l'acheteur la certitude de triompher à l'action rédhibitoire. L'importance de la saisie mérite d'être prise en considération. Elle s'est bornée à un viscère ou à un quartier assez minime ; l'action rédhibitoire n'est pas possible, car l'acheteur, s'il avait lors de l'achat prévu cette éventualité, n'aurait pas moins fait l'acquisition. A raison du préjudice minime qu'il éprouve il ne peut prétendre qu'à une réduction de prix. Si au contraire la saisie a porté sur tout un quartier, l'action rédhibitoire est accordée à l'acquéreur, car celui-ci n'aurait pas conclu le marché s'il eût pu prévoir la saisie.

1. Ordonnance du 9 juin 1866, art. 8.

Quant aux vices et maladies qui n'empêchent pas la chair du cheval d'être livrée à la consommation, ils ne donnent pas droit à l'action rédhibitoire, fussent-ils compris dans l'énumération de la loi du 2 août 1884. C'est le cas notamment de l'immobilité, l'emphysème pulmonaire, le cornage, le tic, les boiteries et la fluxion périodique des yeux.

En résumé, la garantie due par le vendeur est différente selon que la vente du cheval a été faite du consentement des parties, ou pour le travail et l'élevage, ou pour la boucherie. Sauf convention contraire, le vendeur est garant, au premier cas, des seuls vices énumérés par la loi, et au second, de toutes les maladies qui rendent la chair insalubre, mais de celles-là seulement. Ainsi, le cheval est atteint de cornage ; s'il a été vendu pour le travail, la rédhibition est autorisée ; mais elle est impossible, s'il a été vendu pour la boucherie. La solution serait complètement différente pour un cheval atteint de mélanose ou de septicémie, maladies qui rendent la viande insalubre.

L'acquéreur n'a pas d'ailleurs le droit de changer à son gré la destination du cheval de manière à se faire appliquer la loi qui le garantit le mieux dans le cas où il se trouve. Ayant acheté un cheval comme viande sur pied, il peut évidemment l'employer au travail, mais vis-à-vis de son vendeur, le cheval demeure destiné à la boucherie. Les conventions légalement formées sont la loi des parties. De même, un individu achète un cheval atteint de mélanose, vice non rédhibitoire, et, à la connaissance du vendeur, le destine au travail, puis il le revend pour la boucherie. La viande de l'animal est saisie. Cet individu n'est pas garanti par son vendeur, et il est lui-même garant vis-à-vis de son propre acquéreur.

II. Vente de la viande de cheval.

La vente de la viande de cheval, à laquelle sont applicables en principe toutes les dispositions législatives ou réglementaires relatives au commerce de la boucherie en général, est en outre régie par un ensemble de mesures, quelquefois rigoureuses, destinées à protéger la santé publique, et à faciliter la surveillance et l'inspection administratives (1).

A Paris et dans la circonscription de la préfecture de police, d'après l'ordonnance du 9 juin 1866, l'abatage du cheval destiné à l'alimentation a lieu dans des tueries spécialement autorisées : abattoir public de la Ville situé à Villejuif, et abattoir Tétard à Pantin.

Il y est procédé en présence d'un inspecteur ou vétérinaire, commissionné par le préfet de police, qui examine les chevaux tant après l'abatage qu'après le dépeçage des viandes. Les viscères sont soumis au même examen afin de permettre une appréciation complète de l'état sanitaire du cheval abattu.

1. Ernest Pion, *Le commerce de la boucherie*, chapitre XI, p. 269 et s.

Le Maître   16

En outre, pour faciliter ultérieurement toute contre-vérification en cours de transport et au lieu de débit, les chevaux sont divisés seulement par quartiers et non par morceaux, et les sabots ne sont détachés qu'au moment du dépeçage à l'étal.

Ces mesures n'ont rien de vexatoire ; elles se justifient au contraire par l'intérêt public, et elles contribuent pour une grande part au développement des transactions. D'ailleurs, le marchand boucher qui se croit lésé a la faculté de contester l'appréciation du préposé vérificateur au moyen d'une expertise contradictoire.

Les viandes jugées insalubres sont saisies (1) et détruites ; les autres sont enlevées de l'abattoir après avoir reçu l'estampille d'inspection. Leur transport s'effectue directement à l'étal dans des voitures closes à moins que ces viandes ne soient enveloppées de manière à n'en laisser aucune partie à découvert.

Le colportage de cette viande est interdit. Le décret du 5 septembre 1870, qui a admis les bouchers forains à colporter de la viande dans Paris et à faire concurrence aux bouchers résidants, n'a rien modifié à cette interdiction.

---

1. En 1895, les saisies se sont élevées :

A l'abattoir de Pantin, à	32.671 kil.	
» Villejuif, à	173.529 »	
Au total.	206.200 »	

Ce chiffre est assez faible par rapport aux 4.636.720 kilogr. de viande de cheval qui ont été, après inspection, livrées à la consommation parisienne.

La vente n'a donc lieu que dans les établissements ou étaux affectés à cette destination. Ils sont indiqués au public par une enseigne en gros caractères indiquant leur spécialité (1).

La vente de la viande de cheval doit être faite sous son véritable nom. Faire passer cette marchandise pour de la viande de bœuf, d'âne ou de mulet serait un acte illicite puni des peines correctionnelles de l'article 423 C. pén. ou de la loi du 27 mars 1851 suivant la nature du délit.

Cette règlementation se retrouve à peu près la même dans les villes de province où il existe des boucheries hippophagiques.

Appliquée avec fermeté et mesure, elle est suffisante. Les bouchers qu'elle concerne, cependant, la trouvent trop sévère et demandent même sa suppression. Les autres bouchers au contraire la veulent plus rigoureuse, à raison des fraudes nombreuses qui, malgré la surveillance administrative, se pratiqueraient journellement.

La viande de cheval serait fréquemment vendue pour de la viande d'âne qui est beaucoup plus appréciée, et elle entrerait pour une notable proportion dans la fabrication du saucisson. Est-ce à cause de la fraude, ou à cause de la concurrence, ou parce que la viande de cheval

---

1. *Pandectes françaises*, Rép. boucherie, n° 235, tome XIII, p. 312. L'ordonnance de police du 11 mars 1833 prescrit que la vente du saucisson de cheval n'est autorisée à la foire aux jambons que sur des emplacements portant en gros caractères ces mots : charcuterie de cheval.

est exempte à Paris (1) de droits d'octroi, toujours est-il qu'entre les deux catégories de bouchers, l'hostilité est très accentuée aussi bien pour le commerce en gros que pour celui de détail (2).

1. En province cette exemption n'existe pas. Ainsi la taxe est, à Lyon et à Lille, de 8 francs par 100 kilogrammes, et à Toulouse de 3 francs.

2. M. du Maroussen. *Office du Travail*; la petite industrie. L'alimentation à Paris, 1893, p. 236 à 241.

Vu :

Le Président de la thèse,

H. BERTHÉLEMY.

Vu :

Le Doyen de la Faculté,

GLASSON.

TABLE DES MATIÈRES

Laval. — Imprimerie parisienne L. BARNÉOUD & Cⁱᵉ.

9 782014 021806